EDUCANDO PARA LA POBREZA:
LOS MERCADERES DE LA EDUCACIÓN PÚBLICA EN PUERTO RICO

EDUCANDO PARA LA POBREZA

LOS MERCADERES DE LA EDUCACIÓN PÚBLICA EN PUERTO RICO

HUMBERTO MALAVÉ NÚÑEZ

Educando para la pobreza:
Los mercaderes de la educación pública en Puerto Rico

ISBN 13: 978-1-6968-7723-7

Impreso en Estados Unidos.

Dedicatoria

A todo aquel que entienda que es hora de lograr el bienestar común y que elevemos el nivel de nuestras metas buscando un país donde la solidaridad, la inclusividad y la ética sean los instrumentos que fundamenten las bases de llamado **Nuevo Posible Puerto Rico** al que todos debemos trabajar para hacerlo realidad.

Las palabras de Plinio Apuleyo Mendoza, Carlos Alberto Montaner y Álvaro Vargas Llosa nos indican la actitud a seguir:

> Si prevalece entre nosotros la sensatez, si somos capaces de aprender de las dolorosas experiencias propias y de las ricas experiencias ajenas, nos espera un futuro brillante. Si persistimos en los viejos errores, si repetimos fallidas estrategias del pasado, si no renunciamos al estéril pensamiento antiguo, continuaremos siendo un fallido segmento de ese vasto

y vibrante universo.... La decisión es nuestra,
el futuro será el que nosotros elijamos.[*]

Las históricas manifestaciones en estos días en Puerto Rico por los casos de corrupción, especialmente en
el Departamento de Educación de Puerto Rico (DEPR),
y cuyo detonante fue el nefasto chat del hoy exgobernador Ricardo Rosselló y su grupo cercano de cómplices,
nos dan una gran esperanza, que definitivamente, indica
que hemos aprendido de las dolorosas experiencias y
que nos espera un futuro nuevo y esperanzador. Ya el
Pueblo eligió un nuevo destino con una nueva generación como motor de cambio. Un ejemplo mundial de
la democracia en su máxima expresión. ¡Enhorabuena!

El trabajo ahora comienza con delinear la ruta hacia
un nuevo Puerto Rico y darle apoyo a todas las organizaciones que buscan la transparencia y eliminar el flagelo
de la corrupción. Este libro de denuncia pretende contribuir con un paso hacia la búsqueda de un mejor país y
eliminar *los mercaderes de la educación*. Pero esto requiere
de investigaciones, de sistemas tecnológicos sofisticados,
y de alianzas multisectoriales para crear una red de alerta y vigilancia ciudadana para detectar preventivamente
cualquier indicio de corrupción.

Para iniciar los pasos de apoyo a estas alianzas el 33 %
de los ingresos brutos de la venta de este libro se dis-
tribuirán entre entidades comprometidas a contribuir

---

[*]Plinio A. Mendoza, Carlos Alberto Montaner y Álvaro Vargas
Llosa, *Fabricantes de la miseria: políticos, curas, militares, empresarios
sindicatos* (Barcelona: Plaza & Janés, 1998), 430.

claramente y, sin ningún ente oculto detrás de ellas, a combatir la corrupción y lograr que tanto el gobierno como la empresa privada y los sectores sin fines de lucro sean transparentes en todas sus gestiones. Nadie tiene que ocultar algo si está trabajando para el bien común, esto incluye desde investigaciones académicas hasta apoyo para promover legislación para combatir con mejores enfoques la corrupción, que incorpore medios de fiscalización y penalidades.

Índice general

Prólogo

Al momento de la publicación de este libro de denuncia , el DEPR y el pueblo de Puerto Rico están afrontando el efecto de todos estos años de corrupción y saqueo de los fondos federales. El DEPR esta nuevamente en Sindicatura y le han congelado el total de cerca de $ 1.5 mil millones de los fondos federales. A esto se une la crisis fiscal de la quiebra de Puerto Rico y de las políticas de austeridad de la Junta de Supervisión Fiscal sobre el presupuesto estatal. De no cumplir el DEPR con los requisitos en la administración de los fondos federales, que hasta ahora claramente no lo han hecho, veremos los efectos negativos significativos en la prestación de servicios básicos a los estudiantes y en la actual estructura del DEPR. Dada la falta de fuentes de fondos puede que esta transformación forzada deje un sistema educativo peor de lo que hemos heredado de los mercaderes y mercenarios de la educación.

El rezago de la educación en Puerto Rico es incuestionable. Lo sé de primera mano, como profesor universitario y además conozco muy bien la brecha que abrió la Ley Federal No Child Left Behind (NCLB por sus siglas en inglés) a empresas privadas para que aportaran sus conocimientos y destrezas al sistema público de enseñanza.[1]

Las investigaciones sobre el empresarismo educativo que, debo admitir, abracé inicialmente como una alternativa posible y loable, de una alianza entre el sector privado y el sector público, siempre y cuando su objetivo se mantuviera claro y firme: lograr un salto cualitativo del nivel educativo de nuestros estudiantes de escuelas públicas de Puerto Rico. Alcanzarlo hubiese sido posible de no haber mediado las fuerzas siniestras del mercado indisciplinado y depredador, que prefirió enriquecerse y no enfocarse en la gran responsabilidad socioeconómica que la Ley NCLB le había privilegiado. Una reglamentación adecuada y fiscalización oportuna lo hubiera evitado. No se hizo.

La reciente publicación del primer *Informe sobre el desarrollo humano de Puerto Rico* (IDH) nos confirma la relación entre la educación y el desarrollo económico.[2] Según los hallazgos del estudio:

Puerto Rico está ubicado en América Latina,
la región más desigual económicamente del
mundo, a la vez, Puerto Rico ... se encontraba
entre los países más desiguales del mundo en

el año 2013.... Así, Puerto Rico se encuentra en la lista de los países con una desigualdad económica crónica como Sur África, Zambia, Honduras y Lesoto.[3]

Recientemente, el Centro de Información Censal de la Universidad de Puerto Rico en Cayey confirma y actualiza los datos presentados en el IDH:

Sin embargo, la desigualdad económica en Puerto Rico creció del 2013 al 2017. Este crecimiento hizo que Puerto Rico clasificara como el tercer país más desigual entre los 101 países que publicaron estos datos durante dicho el período. De hecho, estas diferencias sociales entre familias en Puerto Rico fueron mayores que para cualquier país de las Américas que publican sus datos en el Banco Mundial.

Sin duda alguna, esta relación de pobreza y escolaridad está incidiendo en mayor o menor grado en las condiciones de vida y en la desigualdad social de los puertorriqueños. De modo similar, la tasa de desempleo de 11.6 % informada por el Departamento del Trabajo y Recursos Humanos, confirma que se agudizan los niveles de pobreza.[4]

Sin embargo, la desigualdad económica debe contrarrestarse, además, porque acarrea otros problemas como la pobreza, la criminalidad, la deserción escolar y el estancamiento económico, condiciones que experimenta Puerto Rico en la actualidad...[5]

Por otro lado, en el artículo publicado en septiembre de 2013 titulado "Fixing Our Schools Could Fix Our Debt Crisis, Too", por Hanushek y Peterson, se explica científicamente cómo los aumentos en el aprovechamiento académico de los estudiantes, medidos por las pruebas del Programa para la Evaluación Internacional de Alumnos (PISA, por sus siglas en inglés) aumentan la capacidad de desarrollo económico del país.[6] En otras palabras, existe una relación directa entre la calidad de la educación y el bienestar socioeconómico de un país.

En el estudio, "Eliminating Racial and Socioeconomic Performance Gaps for Pennsylvania Students Could Have Boosted Economy by $ 44 Billion", del 2015, sus autores señalan, resumiendo sin explicar los parámetros técnicos del estudio, que si las diferencias en las brechas en aprovechamiento académico entre los subgrupos étnicos de estudiantes se hubiesen reducido usando como año base el 2003, el impacto en términos agregados en la economía de Pennsylvania hubiese sido de sobre $ 44 mil millones y hubieran obtenido una ganancia en ingresos sociales entre $ 83,000 a $ 125,000 por individuo.[7]

Parafraseando a los autores Hanushek y Peterson: si nuestras escuelas pudieran educar a nuestros estudiantes a un nivel de aprovechamiento académico alcanzado

Cuadro 1: Relación inversa entre el número de escuelas en Plan de Mejoramiento y el nivel de aprovechamiento académico de los estudiantes para el periodo del 2006-2013

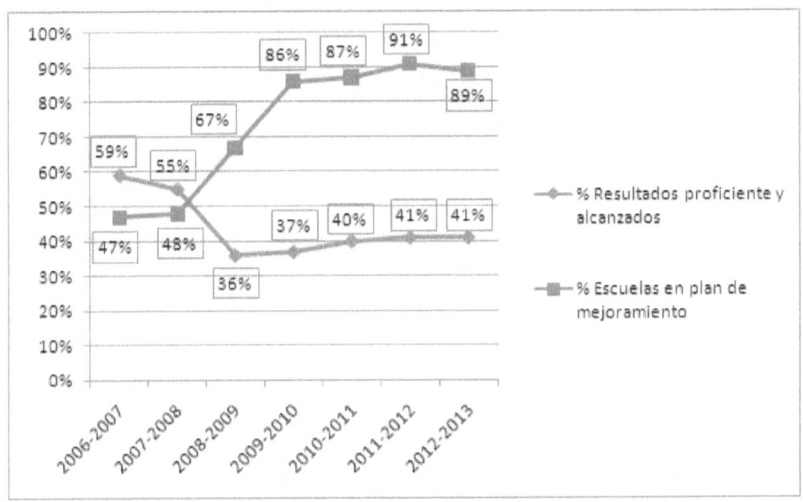

Fuente: Datos del DEPR.

por otros países, los resultados de nuestra inversión en la educación serían tan amplios que gran parte de los problemas heredados, *como la deuda pública*, que ahora amenazan el bienestar del país, podrían atenderse y resolverse con recursos provenientes de una población altamente competitiva y produciendo niveles de vida más altos para todos. Sorprendentemente, todo se puede lograr sin invertir más dólares en nuestro sistema escolar K-12. *Todo lo que tenemos que hacer es gastar los fondos más sabiamente.*

Citando nuevamente el IDH:

El DEPR [Departamento de Educación de Puerto Rico] tiene el presupuesto con mayor asig-

nación de fondos de todas las agencias gubernamentales de la Isla. Esto supone una gran
inversión de recursos humanos, económicos
y de infraestructura, *impensable en otros países*.
Sin embargo, la calidad de los logros no va a
la par con la inversión de estos recursos.[8]

Datos del IDH nos indican la cantidad de recursos
económicos para financiar las operaciones del DEPR
(vea tabla en el Cuadro 2 en la siguiente página). Imagi-
nemos cómo pudiera estar Puerto Rico si cerca de los
$ 43.5 mil millones del presupuesto del DEPR de los
años fiscales 2000 al 2013 (14 años) de fondos estatales
y federales combinados o, lo que equivale a un presupuesto promedio anual de $ 3,104,380,000 o $ 3.1 mil
millones, se hubiesen invertido en mejorar el aprovechamiento académico y lograr una educación de calidad
mundial de los estudiantes. ¡Otro sería nuestro país!

No soy el primero que denuncia a *los mercaderes de
la educación*. Algunos legisladores intentaron indagar y
hasta lograron que se aprobara alguna resolución inves-
tigativa, pero no pudieron abrir una sola vista pública.
Varios periodistas publicaron sus investigaciones con
muy buen acierto. Esto es encomiable. Sin embargo, no
lograron formar el eco resonante necesario para que el
país se indignara. Como ven, no soy el primero que lo
denuncia, pero sí el primero que puede hablar por la
investigación directa de campo y la evidencia documen-
tal única presentada a través del libro. Además, el paso

Cuadro 2: Recursos económicos disponibles para financiar las operaciones del DEPR.

Año fiscal	Recursos disponibles	Por ciento de cambio anual
2000	$ 2,229,679	—
2001	$ 2,275,908	2.1
2002	$ 2,241,902	-1.5
2003	$ 2,661,520	18.7
2004	$ 2,524,739	-5.1
2005	$ 3,114,508	23.4
2006	$ 3,603,985	15.7
2007	$ 3,427,734	-4.9
2008	$ 3,546,655	3.5
2009	$ 3,563,416	5.0
2010	$ 3,822,139	7.3
2011	$ 3,571,978	-6.5
2012	$ 3,503,075	-1.9
2013	$ 3,374,077	-3.7

Fuente: IEPR, *Informe sobre desarrollo*, 168.

del tiempo ofrece una perspectiva más clara que los acontecimientos inmediatos y entretejidos no ofrecen.

Un gobernador llegó a decir en un mensaje de Estado que:

> El fraude incurrido por muchos servicios de tutorías se acabó. Para mí, fue maltrato infantil a gran escala, una burla a los estudiantes, a sus padres y al gobierno. Los fondos rescatados ahora van a las escuelas, donde deben estar.[9]

Tampoco tuvieron consecuencias esas denuncias.

La ley federal No Child Left Behind (NCLB) mantuvo su vigencia entre el 2002 y el 2015. Es decir, hoy día, hay otros procesos internos en el DEPR y una nueva ley federal, Student Success Act (SSA), que sustituyó a la de NCLB, que continúan su búsqueda para elevar el nivel educativo público primario y superior.[10] El debate es arduo, ya lo mostró el pasado intento senatorial de 2015 de aprobar una Reforma Educativa a nivel K-12, que no condujo a nada.[11] Demasiados intereses encontrados y, me parece, pocos de ellos centrados en las necesidades de los estudiantes.[12]

Para una comprensión de lo que significó ley NCLB para los procesos educativos en Puerto Rico en términos académicos y pedagógicos, podemos remitirnos a investigaciones más abarcadoras y especializadas: *Los servicios educativos suplementarios y su contribución a mejorar el aprovechamiento académico: perspectiva de la comunidad educativa*, Rubén Díaz Flores[13]; "Deserción o exclusión escolar: análisis sobre educación, desigualdad y pobreza en Puerto Rico", Gloria Rosado Ortiz[14]; "La ley federal de educación pública NCLB en los Estados Unidos y Puerto Rico: trayectoria e impacto, 2002-2015", Ismael Ramírez-Soto.[15] Las mismas nos dan un contraste entre los objetivos y la intención de la Ley con la realidad de su implementación y su nefasto efecto en las condiciones socioeconómicas que hoy vivimos.

Como hemos visto en las acusaciones recientes en el DEPR, se equivoca quien crea que esto es solo historia antigua. Las mismas fuerzas que operaron en varios de esos lustros, aún mantienen su poderío y están al acecho de cualquier mínima oportunidad para desprender de un gran mordisco parte del presupuesto educativo, estatal o federal. El mercado, siniestro, no descansa.

Las recientes acusaciones contra la ahora exsecretaria de Educación, Julia Keleher, demuestran el poder de los miembros de la llamada "industria del guiso", según le denomina el periódico *Claridad*.[16] Aunque está en el proceso legal y todavía no ha sido encontrada culpable, las meras acusaciones son un golpe fatal al volver a recordar la época del pasado y convicto Secretario de Educación, Víctor Fajardo.

Toda la poca confianza que había en el DEPR se vuelve a caer y los más afectados son los estudiantes y toda la comunidad escolar y, claro, el futuro económico de Puerto Rico.

En una artículo tan reciente como el 8 de junio de 2019 en *El Vocero* titulado "Fuera los mercaderes del templo" por el activista social, Dr. José "Papo" Coss, resume la esencia lo que se presenta en este libro, a saber, la falta de valores éticos y morales en la gestión gubernamental como un todo. Muy preciso y claro en su mensaje indica Papo Coss:

> Tan denigrante como la imposición de una junta dictatorial que solo defiende los intereses de los bonistas de USA, es la debacle moral de la vieja política del PNP-PPD que se han convertido en dos mega-negocios dedicados a saquear el erario.

> Las nuevas acusaciones en la Legislatura colonial y las del Departamento de Educación de esta administración PNP y otras en camino contra ex funcionarios del PPD, comprueban que el cáncer de la corrupción se ha carcomido por completo a los dos partidos de mayoría.

> Sin embargo, el problema de la crisis de valores éticos y morales de nuestra sociedad, no solo se refleja en la corrupción partidista para enriquecer burdamente a familiares, amigos y contribuyentes del partido azul o rojo.

> Comencemos por erradicar el cáncer del bipartidismo corrupto de la vieja política, como hizo el Cristo con los mercaderes del templo,

seguémoslos de nuestra administración pública. No se lo merecen ya es hora de darnos a respetar.[17]

Casi dos meses antes, el periodista Benjamín Torres Gotay, en su columna de *El Nuevo Día* titulada, "La gran inmoralidad: Las cosas por su nombre", escribió:

El Departamento de Educación tiene el presupuesto más grande del gobierno de Puerto Rico: $ 2,600. Antes de la quiebra, era más. Llegó a ser de $ 3,200 millones. Se dice por ahí con frecuencia que es mayor al presupuesto de algunos países.

Muchísimos, sin más talentos que saber con quien relacionarse, se han hecho millonarios a la sombra de ese árbol. Se inventan compañías, seminarios, asesorías, campañas de valores y hasta saltos de trapecio para agarrar algo de esa piñata inagotable. Una ex secretaria dijo que en Educación hay fondos federales "hasta para pintar huevitos de pascua".

Esa avalancha de dinero, ese maremoto de dólares, ese río crecido de fondos, se queda en los amigos de los amigos, en los superconectados, en las sociedades púrpuras (la mezcla del rojo y el azul) y no llega a donde tiene que llegar.

Vivimos con la vergüenza nacional, con la inmoralidad colectiva, con la aberración social, de que soplapotes y alicates de toda pinta se hacen ricos con el dinero de nuestro futuro, mientras muchísimos de los maestros y maestras que están día a día batallando con los niños más desaventajados, con los que vienen de los entornos sociales más difíciles, con los que más necesitan de todos nosotros, viven en la pobreza.

El fracaso del pueblo de Puerto Rico tiene muchos culpables.

Ninguno, quizás, lo es más que el crimen de lesa sobre la humanidad que la clase política que nos ha gobernado ha cometido por décadas desde el Departamento de Educación, dejándolo convertir en esa bestia amorfa que es hoy, en esa enemiga de las aspiraciones del pueblo puertorriqueño, con el propósito de poder seguir sogueándolo de manera salvaje.[18]

Nos da una recomendación que aunque importante parece que todavía no ha sido entendida por el pueblo de Puerto Rico.

El pueblo reza para que si alguien robó, alguien caiga preso. Más rezar no basta. Hay que estar pendiente de estas cosas no nos vuelvan a pasar. Miremos bien. El que viene con estas manías, por lo regular, enseña el refajo bien tempranito. Observemos.[19]

Como se documenta a través del libro, el refajo hace tiempo que lo han estado enseñando, pero o no lo hemos querido mirar y reconocer, o la estructura de poder está tan bien estructurada que lo hacen visibles temporalmente y luego los desaparecen de la luz pública. Esto permite que los actos de corrupción queden en la memoria a corto plazo del pueblo y distraída con otras noticias más carnavalescas.

Por otro lado ambos críticos sociales mencionan los partidos mayoritarios como los únicos responsables del actual nivel de corrupción en Puerto Rico. Entiendo que debemos ver cómo el tono púrpura , que sale de la mezcla del azul —PNP— y el rojo —PPD—, varía al añadirle un poco de verde —PIP—. El resultado va a depender de las proporciones utilizadas; en el caso de la mezcla de azul y rojo la variedad de proporciones pueden dar desde púrpura más rojizo o más azulado. Pero, al añadir el verde, en una proporción mucho menor, el resultado puede ser un verde azulado.

En otras palabras, tan responsable es el que comete el acto de corrupción como el que lo observa y no hace nada contundente para combatirlo.

Notas

[1]Congreso de los Estados Unidos, Ley Pública 107-110, No Child Left Behind, http://www.k12.wa.us/esea/NCLB.aspx.

[2]Instituto de Estadísticas de Puerto Rico [IEPR], *Informe sobre el desarrollo humano: Puerto Rico, 2016* (San Juan, PR, 2018), 185. https://estadisticas.pr/en/publicaciones/informe-sobre-desarrollo-humano-de-puerto-rico-2016.

[3]Ibid., 185.

[4]Ibid., 181.

[5]Ibid., 185.

[6]OECD, "Programa Internacional de Evaluación de Alumnos (PISA), *OCDE. Mejores políticas para una vida mejor*. https://www.oecd.org/centrodemexico/medios/programainternacionaldeevaluaciondelosalumnospisa.htm.

[7]Lynn A. Karoly, "Eliminating Racial and Socioeconomic Performance Gaps for Pennsylvania Students Could Have Boosted Economy by $ 44 Billion." *Rand Corporation*. 13 de julio de 2015. https://www.rand.org/news/press/2015/07/13.html.

[8]IEPR, *Informe sobre el desarrollo*, 158, énfasis añadido.

[9]Alejandro García Padilla, "Mensaje del Gobernador del Estado Libre Asociado de Puerto Rico, Honorable Alejandro J. García Padilla, Situación del País: Deudas del pasado y deudas con el futuro", *Presupuestos*. 29 de abril de 2014 (San Juan, PR: Fortaleza), 30. http://www.presupuesto.pr.gov/PresupuestoAprobado2014-2015/Mensaje %20del %20Gobernador/Mensaje %20de %20Estado %20del %20Gobernador.PDF.

[10]National Association of Secondary School Principals [NASSP], "Every Student Succeeds Act (ESSA) Overview", NASSP. https://www.nassp.org/policy-advocacy-center/resources/essa-toolkit/essa-fact-sheets/every-student-succeeds-act-essa-overview/.

[11]Asociación de Maestros de Puerto Rico [AMPR], "La reforma de Eduardo Bhatia privatiza la educación pública," *Asociación de Maestros de Puerto Rico*, 20 de abril de 2015. http://amprnet.org/issues-y-acci %C3 %B3n/privatizaci %C3 %B3n/LA-REFORMA-DE-EDUARDO-BHATIA-privatiza-la-educaci %C3 %B3n-p %C3 %BAblica/30.htm.

[12] "Ley de Reforma Educativa de Puerto Rico." Ley Núm. 85 de 29 de marzo de 2018, según enmendada. http://www.agencias.pr.gov/ogp/Bvirtual/LeyesOrganicas/pages/85-2018.aspx.

[13] Rubén Díaz Flores, "Los servicios educativos suplementarios y su contribución a mejorar el aprovechamiento académico perspectiva de la comunidad educativa," (tesis doctoral, Universidad del Turabo, 2014).

[14] Gloria Rosado Ortiz, "Deserción o exclusión escolar: análisis sobre educación, desigualdad y pobreza en Puerto Rico," *Revista Paideia Puertorriqueña*, 7, núm. 2 (2012). http://paideia.uprrp.edu/wp-content/uploads/2013/11/Desercion-o-exclusion-escolar-analisis-sobre-la-educacion-aceptado1.pdf.

[15] Ismael Ramírez-Soto, "La ley federal de educación pública NCLB en los Estados Unidos y Puerto Rico: trayectoria e impacto, 2002-2015," *Cuaderno de Investigación en la Educación*, núm. 30 (2016): 126-169. http://cie.uprrp.edu/cuaderno/2016/01/20/la-ley-federal-de-educacion-publica-nclb-en-los-estados-unidos-y-puerto-rico-trayectoria-e-impacto-2002-2015/.

[16] "Editorial: Floreciente la "industria del guiso" con fondos públicos", *Claridad*, 6 al 12 de junio de 2019, 4-5.

[17] José "Papo" Coss, "Fuera los mercaderes del templo," *El Vocero*, 8 de junio de 2019. https://www.elvocero.com/opinion/fuera-los-mercaderes-del-templo/article_796666e0-899b-11e9-9255-f3ab56bf3a75.html.

[18] Benjamín Torres Gotay, "Las cosas por su nombre - La gran inmoralidad," *El Nuevo Día*. 14 de abril de 2019. https://www.elnuevodia.com/opinion/columnas/lagraninmoralidad-columna-2487951/.

[19] Ibid.

"Hoy recordamos los estragos de María y de otros huracanes que han azotado la Isla, pero ninguno como el 'huracán de la corrupción' que por más de 40 años ha debilitado las columnas de la buena gobernanza, los valores, la integridad y el nombre de Puerto Rico."

—Elwood Cruz

"Siempre se dice que la mejor manera de combatir la pobreza y la violencia que ésta genera, es con la educación, lo que nunca se aclara, es si la educación la deben recibir los pobres para seguir siendo pobres pero con buenos modales o si también la deben recibir los que hacen que haya más pobres, para empezar a preocuparse para que no los haya"

—Diego Capusotto

APROSES
El cartel de la educación
(Mensajes electrónicos)

From: Manuel Figueroa <███████@vernetwork.com>

To: Manuel Figueroa <███████@vernetwork.com>

Date: Fri, Aug 29, 2008 7:13pm

Subject: Junta Directores APROSES

A todos:

El miércoles pasado se seleccionó la primera junta de directores de la Asociación de Proveedores de SES de PR (APROSES). Luego de la asamblea la junta tuvo su primera reunión donde se seleccionaron los oficiales de la junta. La junta quedó constituida como sigue:

Manuel Figueroa - (Vernet) - Presidente

Roberto de Jesús - (Professional Services) - Vice Presidente

Roque Díaz Tizol - (COSES) - Tesorero

Jaime Palés - (Rocket Learning) - Secretario

Carlos Marrero - (AMAR)

Nydia Rodriguez - (NETS)

Lilliam C. Morales - (Brainstrong)

From: Nanysma Guerra <████████@aproses.com>

To: ████████████.com; 'tomas flores';
'James Simonic';
████████████████████████.com;
Gloria Gonzalez;
████████████████████.com;
████████@vernetwork.com; 'Roberto
De Jesús'; 'rocket'; Roque

Date: Monday, June 22, 2009 10:22 AM

Subject: Reunión con el Dr. Ubiñas

Saludos y buen día a todos:

Mis excusas, debí enviar este email el
viernes.

Manuel Figueroa y Jim Simonic se reunieron
el jueves con el Dr. Ubiñas según anticipábamos.
Durante el día de hoy enviará un resumen
de lo allí discutido.

Cordialmente,
Nanysma I. Guerra
APROSES
Celular 787 ████████
Fax 787 ████████
████████@aproses.com
www.aproses.com

From: Manuel Figueroa <██████████@vernetwork.com>

To: you + 9 more <Details>

Date: Mon, Jun 22, 2009 10:21am

Subject: Meeting with the Office of Federal
Affairs (OFA) Director

I am writing this summary in English so
that Jim can keep me honest and chime in
as necessary.

The meeting last Thursday was actually
moved up to 6 PM so it gave us a little
extra time with the OFA Director. We touched
on all our principal issues as follows:

1. Elimination of 20,000 teachers as
   eligible tutors: This is not set in
   stone. The OFA is willing to listen
   to other ideas the committee where
   APROSES has a representative. APROSES
   needs to channel those ideas through
   Tomás.

2. Weekly tutoring: it is not set in
   stone that tutoring can't take place
   between 3:30 to 5:30PM. The period
   from 3 to 4 can be tutoring or some
   other after-school program. Again,
   he wants to hear from the committee
   on their recommendations.

3. Friday tutoring: He did not understand
   why not. He is open to Friday tutoring.
   This is an opportunity for the committee
   to recommend.

4. Start date: He is willing to consider two cycles, one per semester. He asked for references in the states and Jim will provide a list of contacts.

5. AsisTec: He acknowledged receipt of the letter and said he forwarded it to legal, as this is a contractual matter. He did not express and opinion one way or the other.

6. RFP for SES: it's definitely in the works. No date yet when it will be out.

7. SES 101's at the district level: We lost this one... The Office of Federal Affairs is set on having this at the district level to eliminate all the haggling at the school level. The Office of Federal Affairs is willing to provide transportation to the parents but not move the SES 101's to the school level and definitely not at the provider's hands.

The OFA's perception was that APROSES was a committee of a few Elite providers and that its objective was to set SES public policy.

I believe we made some inroads in changing the attitude that APROSES is not trying to set SES public policy and that indeed it represents everyone. The OFA's director challenged us into putting together a conference on SES Best Practices. I need a committee

to spearhead this effort and I know that
Humberto has expressed an interest in leading
this effort, so he can put together the
team. I believe this will really allow
us the opportunity to begin to change the
bad internal press and at the same time
live up to our stated objectives.

Manuel Figueroa
President, APROSES
+1 787 ███████ (Office)
+1 787 ███████ (Mobile)
+1 787 ███████ (Fax)
████████@vernetwork.com
www.vernetwork.com

From: Manuel Figueroa <████████@vernetwork.com>

To: AMAR <█████████████████████.com>,
    Gloria Gonzalez <█████████████.com>,
    Jaime Pales <████████@rocketlearning.net>,
    Lilliam C. Morales <███████████████████.com>,
    Nanny Guerra <███████@aproses.com>,
    Roberto De Jesús <█████████████████.com>,
    Roque Diaz Tizol <██████@cosesinc.com>,
    hmalavej <████████████.com>, Tomás
    Flores Navarro <████████████.net>,
    America Aponte <████████████████.com>

Date: Thu, Aug 13, 2009 7:27pm

Subject: Reunión mañana en Macarroni & Grill
         - Plaza las Américas

Estimados todos:

Este es un recordatorio que quedamos en
reunirnos nuevamente el viernes 14 de agosto
(mañana) en Macarroni & Grill de Plaza
Las Américas para finalizar los acuerdos.
Necesitamos las recomendaciones del comité
de merienda y el de transportación. Adicionalmente
cubriremos los asuntos de promoción de
SES. Hoy acordamos la política sugerida
de un máximo de pago por coordinador de
centro/escuela de 2 horas por estudiante
servido. También acordamos como política
sugerida un máximo de paga al tutor de
$1,500.00 por 48 horas contacto y 12 administrativas.

Adicionalmente acordamos que las consecuencias
por violación es una presentación del presidente

de la compañía presentando el plan correctivo
al pleno. Debemos también tocar mañana
el asunto de seguridad y limpieza.

Manuel Figueroa
Presidente

PO Box ███
██████, PR █████████
+1 787 ███████ (Office)
+1 787 ███████ (Mobile)
+1 787 ███████ (Fax)
█████████@vernetwork.com
www.vernetwork.com

From: James Simonic <███████████████.com>

To: roque <█████@cosesinc.com>, Jaime
Pales <████████@rocketlearning.net>,
Lilliam C. Morales <███████████████████.com>,
nani guerra <████████████████████>,
Manuel Figueroa <████████@vernetwork.com>,
amar marrero <██████████████████.com>,
gloriag nets <████████████.com>,
Roberto De Jesús <████████████████.com>,
tomas floresnavarro <████████████████.com>,
Gratiela Gat <████@learningalliances.com>,
hmalavej <████████████.com>

Date: Wed, Aug 19, 2009 12:42 pm

Subject: RE: Ofertas a Coordinadores de Escuela

Dear Fellow Vendors:

Without consequences for breaking the rules
we have only the reliance on the word of
those present at the APROSES meetings.
Unfortunately, honor is easily set aside
when money is at stake. We know what is
going on out at the schools and it is not
the ethical behavior that we spoke about.
Some of those who have spoken most vigorously
in favor of our code of ethics are the
very ones who have sold out to the temptation
of picking the cherries before they are
ripe.

If my people have done wrong I want you
to call Gratiela and I promise that we
will get to the bottom of it. If your people
are going beyond the instructions that
you gave to them please rein them in. This

behavior is going to haunt us going forward.
We are dealing with several people in the
Department who would like nothing better
than to catch some of us cheating. Furthermore,
with reauthorization around the corner
the enemies of SES are looking for this
kind of behavior to illustrate the problems
with SES. Yes, these actions may get you
some money now but they can also destroy
the future of this program.

Right now we do not have the authority
to penalize people who violate the rules
and I am not sure that can ever assume
that power legally. We should look into
this and have an attorney give us his opinion.
We know that the Department does not want
to be bothered with this but in the end
they may be the only ones who can exercise
that power.

In less than 48 hours we have gone from
the cohesive unit trying to set an even
playing field to the wild west show that
our enemies say we create. What happened
to selling our programs rather than buying
students with excessive teacher hours and
outrageous wages for the school coordinators?
What happened to selling our curriculum
and not stealing other vendors school coordinators
and students?

I am sorry that I cannot be at tomorrow's
meeting but I hope that you can have a

very honest and frank discussion regarding
this matter.

Jim Simonic
President
Learning Alliances of Puerto Rico

From: roque <████@cosesinc.com>

To: Jaime Pales; Lilliam C. Morales; nani
guerra; Manuel Figueroa; amar marrero;
gloriag nets; Roberto De Jesús; tomas
floresnavarro; Gratiela Gat; James
Simonic; <████████.com> Hmalave

Date: Wednesday, August 19, 2009 11:29 AM

Subject: re: Ofertas a Coordinadores de Escuela

Buenos días:

Por fin, se van dando cuenta de lo que
llevo mucho tiempo diciendo cada vez que
nos reunimos. Parafraseando a Tomás, si
no hay consecuencias, somos un Club social
más.

No tengo carteles, ni anuncios de medidas
frente al virus, ni reparto gomas, neveritas,
sombrillas, sanitizer, etc. Tampoco distribuyo
cajas de materiales a los "posibles"maestros.

Si usted conoce o le mencionan alguien
de COSES, déjemelo saber. Respeto para
que se me respete. Mañana haré planteamiento
en está dirección. Coincido con Lilliam,
hay que actuar

Roque

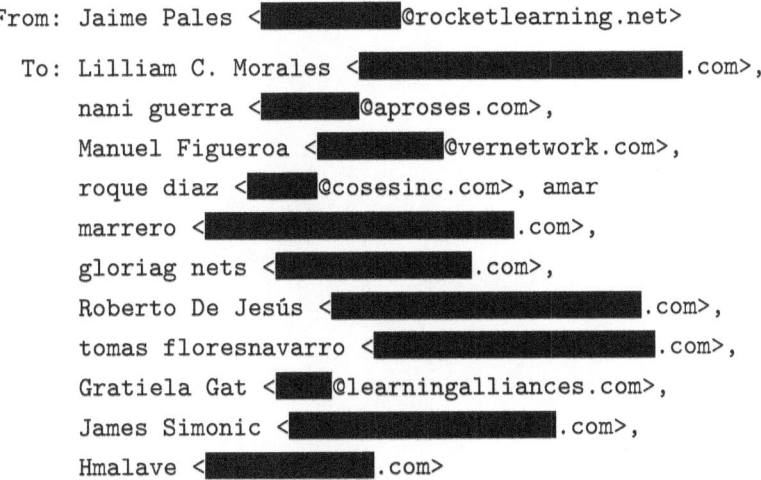

From: Jaime Pales <████████@rocketlearning.net>

To: Lilliam C. Morales <██████████████████.com>,
    nani guerra <███████@aproses.com>,
    Manuel Figueroa <████████@vernetwork.com>,
    roque diaz <██████@cosesinc.com>, amar
    marrero <██████████████████.com>,
    gloriag nets <██████████████.com>,
    Roberto De Jesús <████████████████████.com>,
    tomas floresnavarro <████████████████████.com>,
    Gratiela Gat <██████@learningalliances.com>,
    James Simonic <████████████████.com>,
    Hmalave <██████████████.com>

Date: Wednesday, August 19, 2009 6:58 PM

Subject: Ofertas a Coordinadores de Escuela

Estimados colegas:

En la reunión de la semana pasada acordamos
que no se estarían pirateando coordinadores
de las escuelas y que solo iríamos a las
escuelas si nos llamaban para reuniones
con padres o directores. Estamos recibiendo
llamadas de coordinadores que han trabajado
con nosotros diciendo que ya han recibido
acercamientos de por lo menos 4 compañías
con ofertas que superan los parámetros
aceptables.

Los acuerdos a los cuales llegamos no deben
ser para que unos se beneficien de la buena
fe de otros. No tener control de nuestra
gente no es una excusa satisfactoria. Muchos
hemos estado respetando los acuerdos y
estamos pagando con ser madrugados por
otros.

O todos respetamos los acuerdos o los dejamos
sin efecto.

Jaime

Para una amplia discusión sobre las prácticas competitivas entre los proveedores de SES vease el caso de:

Centro de Desarrollo Académico, Inc. versus Great Educational Services, Inc. y otros; Caso KLCE201500689 en el Tribunal de Primera Instancia, Sala Superior de Arecibo. (http://www.ramajudicial.pr/ta/2015/KLCE201500689-24072015.pdf)

Tablas

Cuadro 3: Compañías contratadas para dar las Tutorías de SES y la cantidad estimada de fondos recibidos por cada una durante los años 2006-2013.

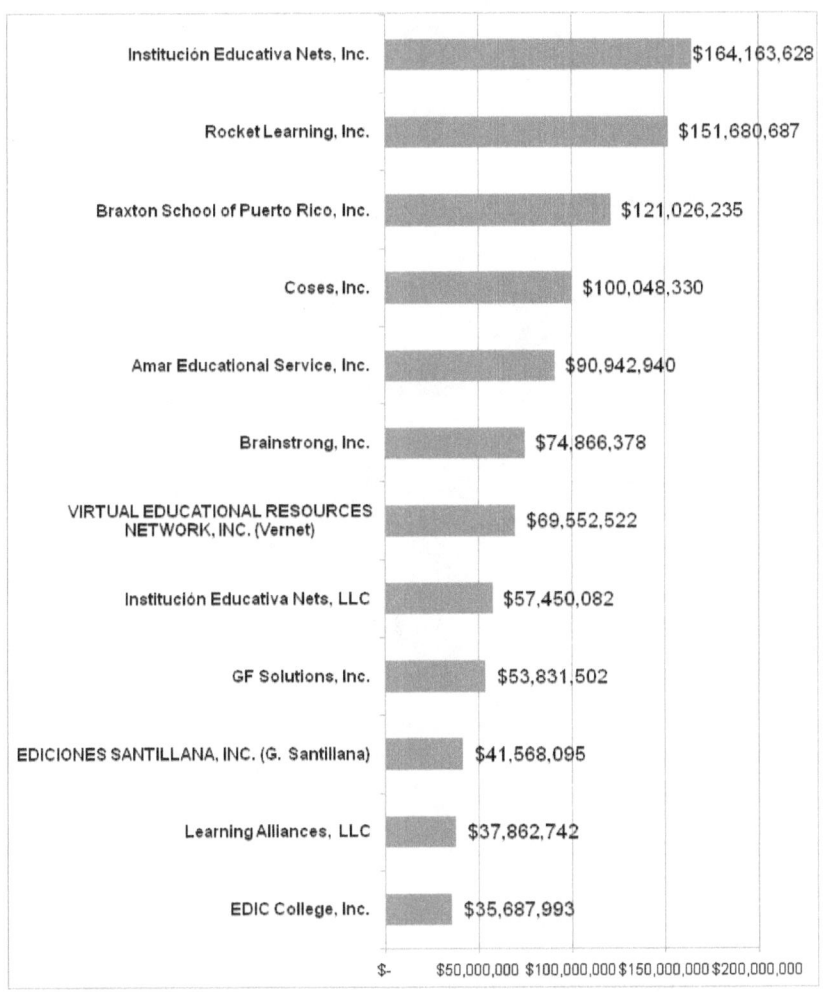

Compañía	Cantidad
Institución Educativa Nets, Inc.	$164,163,628
Rocket Learning, Inc.	$151,680,687
Braxton School of Puerto Rico, Inc.	$121,026,235
Coses, Inc.	$100,048,330
Amar Educational Service, Inc.	$90,942,940
Brainstrong, Inc.	$74,866,378
VIRTUAL EDUCATIONAL RESOURCES NETWORK, INC. (Vernet)	$69,552,522
Institución Educativa Nets, LLC	$57,450,082
GF Solutions, Inc.	$53,831,502
EDICIONES SANTILLANA, INC. (G. Santillana)	$41,568,095
Learning Alliances, LLC	$37,862,742
EDIC College, Inc.	$35,687,993

Fuente: Datos del DEPR. (Excluye contratos con fondos federales para otras actividades en el DEPR).

Cuadro 4: Compañías contratadas y fondos recibidos, 2006-2013 (cont.)

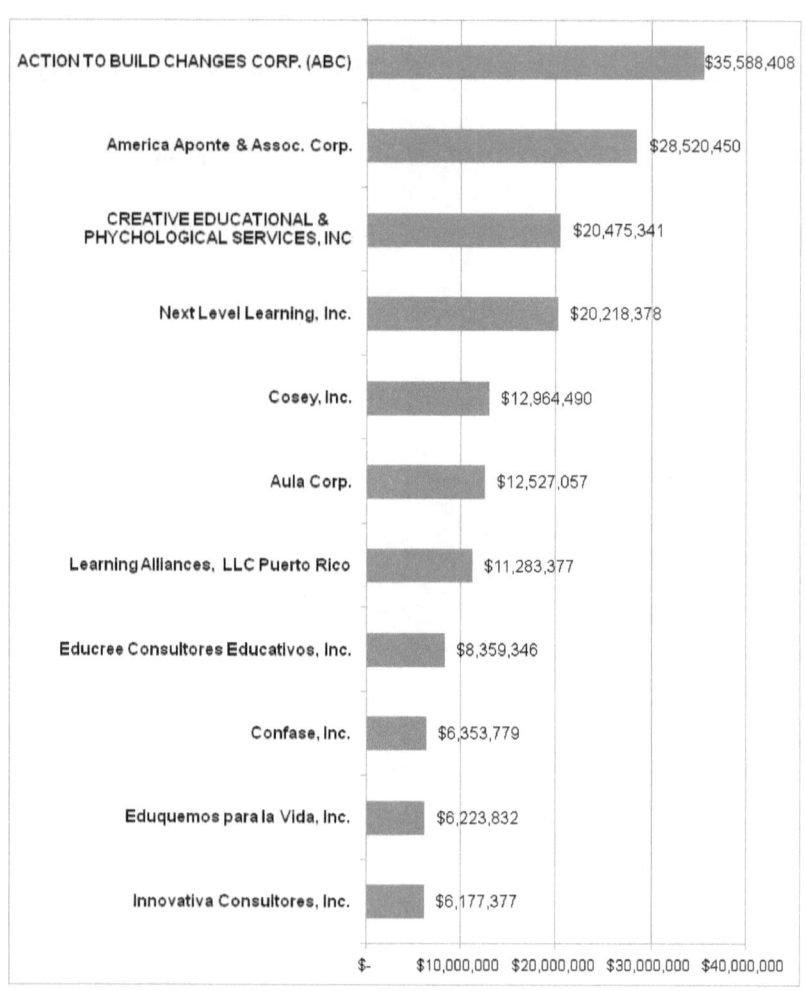

Fuente: Datos del DEPR. (Excluye contratos con fondos federales para otras actividades en el DEPR).

Cuadro 5: Compañías contratadas y fondos recibidos, 2006-2013 (cont.)

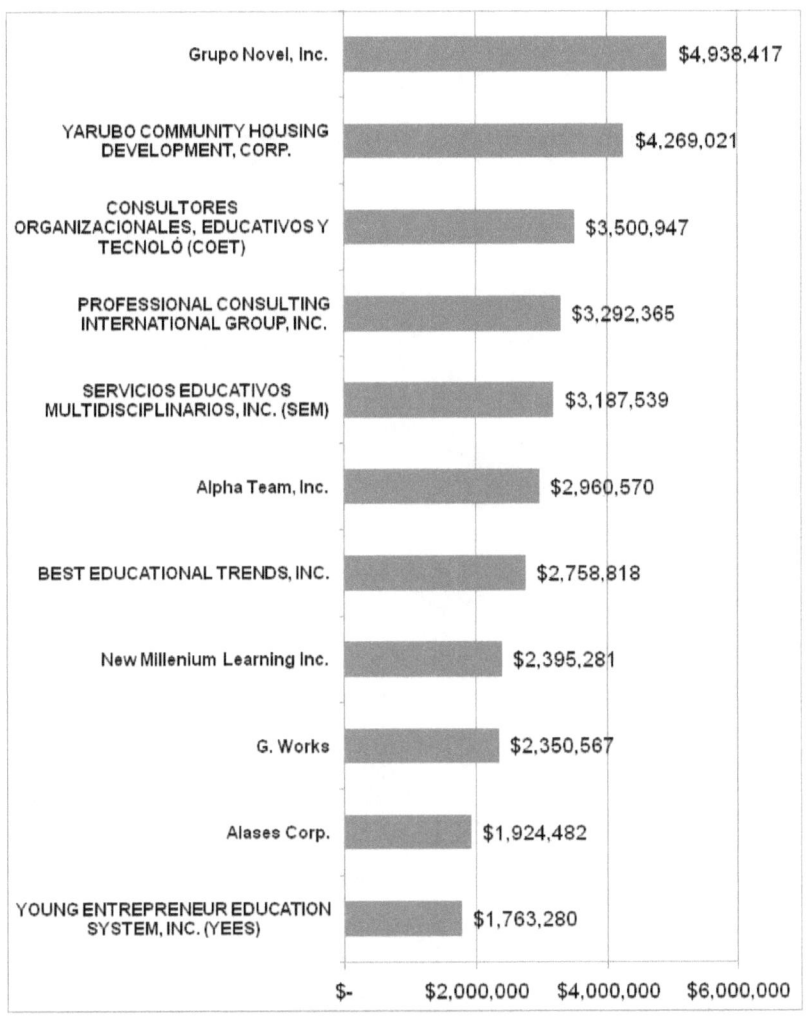

Fuente: Datos del DEPR. (Excluye contratos con fondos federales para otras actividades en el DEPR).

Cuadro 6: Compañías contratadas y fondos recibidos, 2006-2013 (cont.)

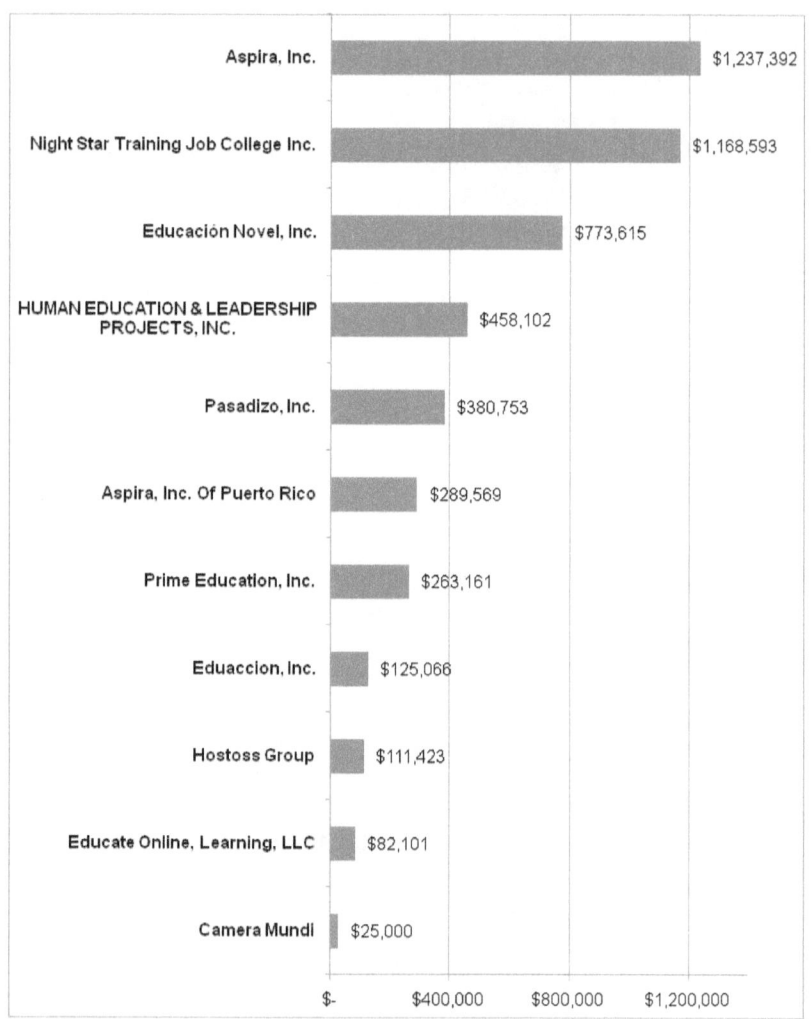

Compañía	Fondos
Aspira, Inc.	$1,237,392
Night Star Training Job College Inc.	$1,168,593
Educación Novel, Inc.	$773,615
HUMAN EDUCATION & LEADERSHIP PROJECTS, INC.	$458,102
Pasadizo, Inc.	$380,753
Aspira, Inc. Of Puerto Rico	$289,569
Prime Education, Inc.	$263,161
Eduaccion, Inc.	$125,066
Hostoss Group	$111,423
Educate Online, Learning, LLC	$82,101
Camera Mundi	$25,000

Fuente: Datos del DEPR. (Excluye contratos con fondos federales para otras actividades en el DEPR).

"La peor de parte de una sociedad manipulada por la política, es ver a pobres *defendiendo a ricos culpables de su pobreza...*"

—Paulo Coelho

"Hay hombres útiles,pero ninguno es imprescindible.Solo el Pueblo es inmortal."

"El secreto de la libertad radica en educar las personas, mientras que el secreto de la tiranía está en mantenerlos ignorantes."

—Maximilien Robespierre

"A la gente la empobrecen para que luego voten por quienes los hundieron en la pobreza."

—Papa Francisco

"Si quieres entender a una persona, no escuches sus palabras, observa su comportamiento."

"Lo único que interfiere con mi aprendizaje es mi educación."

—Albert Einstein

Capítulo 1

El futuro ahora: crítica a *los mercaderes de la educación*

Hace ya unos años, cuando se aprobó la norma para que nuestros estudiantes de escuelas públicas tuvieran unos minutos "de reflexión" —guiados por el maestro— antes de comenzar la clase en la mañana, la controversia política y la crítica social que causó fue de tal magnitud que prácticamente nunca se implantó.[1] Se acusó entonces a los administradores de la gestión pública de intentar introducir ciertas prácticas religiosas fundamentalistas en dichos minutos "de reflexión".

Ciertamente, los asuntos políticos son importantes. Todos somos animales políticos y la convivencia se da en la *polis*. Fue en gran parte una reacción política la que tronchó los minutos de reflexión en las escuelas públicas, avivada por sectores de la sociedad que se proclaman liberales pero que, en este caso, no vieron las posibilidades de que esos minutos matutinos aportaran a una sociedad con mejores niveles de tolerancia, entre otros principios fundamentales en una sociedad democrática. Buscando evitarlo, los críticos cayeron en el puritanismo debido a una crítica impulsiva y poco reflexiva.

No tuvo éxito lo que fue una buena idea porque, en Puerto Rico, la oposición política —cualquiera que sea esta— se encuentra permanentemente alerta para saltar y destruir —como un gato montés— la gestión gubernamental, cualquiera sea esta. Sin duda, la crítica y fiscalización gubernamental son importantes, pero sacar adelante a un pueblo lo es también y, muchas veces, eso sólo puede ocurrir cuando hay concordancias políticas y sociales para ello. Ese delicado balance se puede lograr. Muchos pueblos lo han hecho. Puerto Rico lo hizo medianamente en el 1952.[2] A pesar de este hecho, desde entonces, el país se ha deteriorado y no se logra renovar un pacto social y político, evidentemente necesario. Los partidos políticos de oposición se han dedicado a sabotear la gestión del que está en el poder sólo para alcanzar ellos ese mismo poder y repartir las prebendas del dinero público —miles de millones de dólares de presupuesto— a los allegados de su propio partido. Eso es lo que buscan, en mayor o menor grado. Como hemos descubierto más recientemente, en el campo de la educación también sucede.

El problema de que lo político no funcione —y les recuerdo que históricamente la humanidad vive en un mundo político— es lo que aniquila la sociedad. Lo político le da sentido a las sociedades, evita el caos y la famosa "guerra de todos contra todos" de la que hablaba el filósofo Thomas Hobbes.[3] Y si el ejercicio de los asuntos políticos levanta demasiada suspicacia en los ciudadanos, entonces nos vemos frente a una crisis de sentido, de dirección, y muy bien pueden ocupar el espacio los oportunistas, como han hecho en muchos países los tiranos, o en los mercados, el dinero.

Distinto a la propaganda religiosa, esos minutos de reflexión pudieron ser aprovechados para hablar de ética, un concepto que podemos vaciar de contenidos religiosos, y que, desde el deber de socialización que tienen los maestros con sus estudiantes, se hubiesen podido llenar con los valores culturales y principios de conducta social que apreciamos, valoramos y, muchas veces, tan solo añoramos.

Ahora bien, se preguntarán cuál es la relación de todos estos temas, así arrojados como han sido, como son la reflexión, la gestión política sobre el presupuesto y su crítica, la ética. Pues la educación es la flecha que enlaza todos esos aros.

Como educador creo, y sé por experiencia propia, que un gran sector de los funcionarios dedicados a la

enseñanza invierten su mejor tiempo y se desviven por
alcanzar las metas propuestas para nuestros estudiantes. De eso no puede haber dudas. Maestros de K-12 y
profesores universitarios cada día se preparan para que
ese día sus estudiantes recojan sus mejores lecciones y
les permitan a estos seguir adelante en estos tiempos
tan competitivos. También hay funcionarios de apoyo,
administrativos, consejeros, cuyas ocho horas de trabajo
diario no les dan para hacer todo lo que quisieran por
esos estudiantes.

Sin embargo, también sabemos que el resultado de
todo ese esfuerzo no se ha traducido efectivamente en
estudiantes más capacitados y más instruidos. De hecho, tampoco se ha convertido en una mejor sociedad,
con menos criminalidad, con mejores valores de convivencia, con más tolerancia, con más afecto, compasión,
comprensión y empatía. Hay un fracaso —que algunos
creen monumental— en todo esto.

Muy bien sabemos que la educación es la clave para la movilidad social. Esto significa que aumenta la
probabilidad de que los estudiantes pobres que tengan
más galones educativos tengan más oportunidades de
alcanzar mejores trabajos y más remunerados. Por supuesto, no hay garantías. Ahora, de lo que sí podemos
estar seguros es que los que no estudian tendrán escasas
oportunidades de elevar su situación económica.

Otro aspecto importante que debemos tener en cuenta es que, aun si no es el objetivo primario de este libro, deseo indicar que fundamentalmente, la educación

debe conducir a una revalorización de la convivencia, conducirnos a establecer una ética, una solidaridad social. De nada valdrá mejorar las condiciones de vida sin mejorar la calidad de nuestras relaciones con los demás. Esa es la ética de la que hablamos, que no sólo se aplica a la forma en que cada cual mira al mundo, sino la forma en que cada cual se relaciona con sus conciudadanos. Enriquecerse con dinero no puede ser un valor en sí mismo. Debe haber al menos unos objetivos éticos importantes, como utilizar ese dinero para mejorar la salud de nuestros padres enfermos, para los estudios de nuestros hijos, comprar un hogar, ayudar a nuestras familias con menos recursos, y el etcétera es largo. Y la manera de lograr dinero debe ser igualmente ética.

La educación, ante todo, nos debe permitir unas libertades (que nos la debe garantizar la esfera política), o mejor, un buen ejercicio de las libertades. Pienso en el libro *Ética para Amador*, del filósofo español Fernando Savater.[4] En este, el distinguido pensador le escribe una larga carta a su hijo adolescente. Lejos de cualquier sermón típico de un padre preocupado o un aburrido manual de comportamiento o de reglas religiosas o moralizante, el autor decide poner en manos de su hijo una reflexión muy personal sobre la responsabilidad de la convivencia y cómo esta, al final del día, resulta hasta en una ventaja para todos. Así como tratamos a la gente, nos tratarán. En España también se ha debatido, no unos minutos de reflexión como en Puerto Rico, sino una asignatura completa de ética. Pienso que ese es el camino. Tomar decisiones, voluntarias, informadas y revestida de buenos valores es el mejor ejercicio de libertad. Savater apunta hacia eso. No podemos tomar decisiones, buenas decisiones, si somos esclavos de nuestra ignorancia, o lo hacemos con fines dañinos.

Don Jaime Benítez había tocado el tema hace 75 años, en un discurso sobre la reforma universitaria en el 1943. Entre los objetivos que le adscribe a la educación señalaba con prioridad "enseñar a los hombres valerse de su entendimiento y de su albedrío", "encararse con la vida" basados en las valoraciones "de la vida noble, creadora y generosa". Quería hacer "hombres libres en su espíritu". Sólo con educación puede ser esto posible.[5]

Señaló claramente que ejercer la voluntad, como un acto libre debe estar predicado en la educación, y por supuesto, la ignorancia es un obstáculo mayor. Dijo que "es hombre libre el que respeta y perfecciona sus potencias, de suerte que, al usarlas, lo hace con arreglo al más alto ideal de naturaleza humana y lo hace voluntariamente". Es decir, el ser humano puede maximizar su carácter y talentos sólo éticamente y con la libertad que la educación le brinda. Son para Benítez, las "lealtades primarias" —y aquí Savater coincide— "el bien, la verdad y la belleza".

Así que la educación no solamente nos ayudará a mejorar las condiciones económicas de nuestras vidas, sino, esencialmente, a mejorar la calidad de esa vida que es, al fin y al cabo, lo que queremos, una suerte de felicidad.

Como convendremos, en este momento estamos alejados de esos propósitos. Nuestros estudiantes fracasan repetidamente en las pruebas de medición de aprovechamiento y, por supuesto, las calles terribles reflejan la crisis de los valores.

Eso es una gran ironía. Cada año, el presupuesto del Departamento de Educación de Puerto Rico (DEPR) se estaba elevando en cientos de millones de dólares. Inclusive, superó los $ 3 mil millones. Curiosamente, otros países aportan más que nosotros por cada estudiante. Para el 2008, Puerto Rico invertía $ 6,995 al año por estudiante. Un decenio exacto después, la cifra ha bajado a algunos dólares más sobre los $ 6,000. Mientras, los países de la Organización para la Cooperación y Desarrollo Económico (OCDE) invertían para el 2008 unos $ 8,169. En ese momento, países comparables invertían 17% más que la Isla.[6], Aun así, creo que el problema de la educación en Puerto Rico no es únicamente el monto de su presupuesto, sino también el destino de los fondos. Más recientemente, se tiene a Finlandia como la nueva estrella internacional de la educación. Los estudios estadísticos importantes del aprovechamiento escolar nos indican que la diferencia no es tanto la inversión presupuestaria, sino el resultado de esa inversión. Ahí es donde verdaderamente nos escocotamos. ¿Por qué?

Pues porque la educación, sobre todo en las últimas décadas, ha devenido en un negocio. Un puro negocio, y nada más. Para hacer dinero, para enriquecerse. Se invierte algún dinero, y se saca más como único objetivo. Como ya se hace en la industria de la salud. Todos tenemos más o menos accesos a servicios de salud (como nuestros estudiantes a las escuelas), y resulta que la epidemia que nos mata no es la tuberculosis ni otras epidemias que caracterizan a países con pobres sistemas de salud, sino enfermedades que tienen que ver con la elección diaria que hace cada persona. La diabetes es en gran medida prevenible, así como las diversas condiciones del corazón, la hipertensión y demás. Son aquellas decisiones de las que estamos hablando. Parecen voluntarias, pero son más bien resultado de la desinformación y la ignorancia. No es una buena decisión desayunar par de huevos fritos con tocineta acompañado de pan blanco y café, luego un cigarrillo, almorzar par de chuletas fritas y papas fritas con más cigarrillos y refresco, cenar una bistec encebollado con arroz y habichuelas, más cigarrillos y algunas cervezas o ron en medio de todo esto. Parecen actos de la voluntad. Pero si no está educada, informada, la voluntad no es un acto libre. Es una esclavitud de la que ni se dan cuenta. Aunque no quedan eximidos por sus acciones, lamentablemente, pues los errores les alcanzan, finalmente, y muchas veces, de manera fatal. Y de eso vive la industria de la salud, de eso hace su negocio multimillonario. Y así mismo ocurre con los valores. Muchos toman decisiones a base de los valores equivocados. Lo mismo ocurre con la educación y los errores pueden ser tan fatales como los que les ocurre a los que atienden muy mal sus hábitos alimentarios. "Somos lo que comemos", se suele decir para que las personas tomen conciencia de lo que ingieren. Podemos reclamar también que somos lo que nuestra educación nos dicta.

Quien da la mano para ayudar evita que otro la extienda —con humillación— para pedir. Ese es un valor que, se supone, se comprende por sí mismo, pero mi experiencia me dice que no. Sobre esto hablaremos en otra ocasión.

Debemos detener de una vez y por todas la especulación monetaria en la educación. El DEPR se ha convertido en el mayor distribuidor de prebendas y contratos sin otra finalidad que beneficiar a algunos proveedores de servicios profesionales. Hablamos de mucho dinero, cientos de millones. El despilfarro lo demuestra la escasez de resultados positivos en nuestros estudiantes.

En el discurso de colación de grados del 1949 titulado "El hombre y su destino", se presenta con una valentía de la que pocos funcionarios en esta Isla han sido capaces en toda su historia.[7] Su honestidad, no obstante, logró en esa época hacer de la Universidad de Puerto Rico una de las mejores en toda América Latina. Benítez mismo se expuso al juicio de todo un pueblo al decir que "seremos juzgados, y será juzgada esta casa [la Universidad de Puerto Rico] sobre la base del rendimiento". Don Jaime previno al país y le dio la fórmula para que se pronunciara sobre la entidad que dirigía. Que hablen los resultados. A base del rendimiento estudiantil, así será evaluada la Universidad y su gestión. Ese concepto, tan de moda hoy día, pero no en la década de 1940, se conoce como "Assessment of Outcomes", es decir, evaluación de resultados.[8]

"[S]iempre que está en nuestro poder el hacer, lo está también el no hacer", dice Aristóteles en su *Ética a Nicómaco*.[9] Ya se permitió la especulación financiera en materia educativa, y se debió pasarle la factura, eso significa reclamarle resultados positivos. Pero no hubo resultados positivos luego de un decenio de gastos multimillonarios ni pasamos factura por el fracaso educativo. Sin embargo, el futuro de Puerto Rico exige una mejor educación, y lo exige ahora.

En el siguiente capítulo explico por qué el futuro exige acción inmediata. Ahora, con los eventos de corrupción recientes, la acción ciudadana no se puede detener y tiene que ser más contundente para eliminar el flagelo de la corrupción. Los datos sobre el nivel de la educación en Puerto Rico son los más tristes de nuestra historia. Sólo son alegres las cifras sobre el nivel de enriquecimiento de las empresas asociadas a la educación. Veremos los primeros datos, que, de alguna manera, ya conocemos, porque diversas fuentes los revelan y no porque el gobierno haya llamado la atención sobre el mismo. El segundo complejo de datos, sobre las ganancias de las empresas educativas, exige un capítulo aparte y de la sorpresa inmediata solo espero que pasen a la profunda indignación. Incluso, podremos estar de acuerdo en que había que detener ese negocio tan pronto atisbó su hocico para oler el dinero, pero no lo hicimos.

Notas

[1]Ley Núm. 60 del año 2009. http://www.lexjuris.com/lexlex/ Leyes2009/lexl2009060.htm.

[2]"Operation Bootstrap," Department of Latin American & Puerto Rican Studies, Lehman College. http://lcw.lehman.edu/lehman/ depts/latinampuertorican/latinoweb/PuertoRico/Bootstrap.htm.

[3]"Thomas Hobbes," *The Book of Life*. https://www.theschooloflife. com/thebookoflife/thomas-hobbes/.

[4]Fernando Savater, *Ética para Amador* (Madrid: Editorial Ariel, 2011).

[5]Vicente Reynal, *Introducción a las Humanidades* (Río Piedras, PR: Editorial de la Universidad de Puerto Rico, 1990), 18.

[6]OECD, *Education at a Glance: OECD Indicators* (París: OECD Publishing, 2018). doi: 10.1787/eag-2018-en. https://www.oecd.org/ education/education-at-a-glance/.

[7]Jaime Benítez, "El hombre y su destino," en *Mi casa de estudios* (San Juan, PR: Biblioteca de Autores Puertorriqueños, 1985).

[8]T. R. Nodine, "How Did We Get Here? A Brief History of Competency-Based Higher Education in the United States," *The Journal of Competency-Based Education*, 1, núm. 1 (2016): 5-11. doi: 10.1002/cbe2. 1004.

[9]Aristóteles, *Ética Nicomáquea—Ética Eudemia* (Madrid: Editorial Gredos, 2003), 191.

"No sientas vergüenza de usar la misma ropa, no tener un gran celular o andar en un auto viejo. Vergüenza es aparentar algo que no eres."

—José Mujica

Capítulo 2

Si aumentan las escuelas en Plan de Mejoramiento, crecen los negocios

Veamos el nivel sobre el que se asienta nuestra educación y entonces iremos desmontando más adelante, en el siguiente capítulo, el muñeco económico. De seguro que al final de la lectura de este corto libro, junto a las acusaciones y los eventos actuales de corrupción bajo Keleher, no sólo les dejarán boquiabiertos, sino que su ira trascenderá más allá de un "posteo" en Facebook o Twitter. Así como miles de maestros se tiraron a las calles para proteger —con toda razón— su retiro, así ellos mismos, junto a los padres y otros sectores de la sociedad, deben continuar las marchas para detener el saqueo de los fondos millonarios de nuestro Departamento de Educación.

Para el 2011 en todo Puerto Rico habían 1,463 escuelas, una proporción no muy alta pero adecuada que garantizaba acceso a la educación escolar.[1] Ahora bien, desde inicios de la década del 2000, el gobierno federal se ideó un plan para mejorar la educación en las escuelas debido a la pobre calidad de la enseñanza en Estados Unidos, incluido Puerto Rico. La ley federal No Child Left Behind (NCLB) proveyó mecanismos para dicho aumento en la calidad mediante un Plan de Mejoramiento Escolar, según las evaluaciones que se hacían mediante pruebas estandarizadas a los estudiantes.

De las 1,463 escuelas de entonces en Puerto Rico, unas 1,257, o el 86 %, estaban en dicho plan. Esto es, 9 de cada 10 escuelas estaban en unas condiciones educativas que requerían estar en el Plan de Mejoramiento. Esa alarmante situación fue apenas noticia durante un día en alguna esquina de los diarios locales. Lo que era uno de los desastres más grandes que haya tenido la historia moderna de Puerto Rico era apenas una brisa fría y pasajera para nuestros medios de comunicación. El deterioro de nuestro primer sistema escolar tampoco llamó la suficiente atención de los partidos políticos, de tal suerte que se desarrollara un plan específico y racional que, de inmediato, pusiera solución al problema a corto, mediano y largo plazo. Me temo que los partidos que se alternan el poder tampoco quieren comprometerse con algunas importantes soluciones, no porque sean riesgosas, experimentales o siquiera conservadoras y tímidas. Sencillamente, la desgracia de nuestros estudiantes es fuente de riqueza para algunos allegados a esos partidos y, por tanto, a estos mismos. En ese sentido, aun cuando proponen soluciones, se deben tomar con pinzas, porque de seguro implica beneficios seguros para quienes son cercanos a estas entidades políticas.

El asunto medular es la gestión y la burocracia, los procedimientos y visión del Departamento de Educación de Puerto Rico. Su ineficacia es evidente, pero, como dice la filósofa Hannah Arendt en *¿Qué es la política?*, "de la misma manera que no se cambia un mundo cambiando a los hombres... tampoco se cambia una organización o una asociación empezando a influir sobre sus miembros".[2] No sólo es un cambio de Secretario o Secretaria. Hay que ir más lejos. Hay que reconstruir el concepto de la educación en Puerto Rico.

He tenido el privilegio de leer "Confesiones de un Director Escolar", unas memorias que escribió un compañero de estudios que, por razones obvias, ha preferido mantenerse en el anonimato, pero que me las ha hecho llegar para que considere su experiencia dentro del sistema público de enseñanza desde la perspectiva gerencial. Ahora que se ha retirado del DEPR y trabaja como profesor Universitario, muy interesantemente, él valida el deterioro del proceso enseñanza-aprendizaje a través de todos estos años.[3] Es importantísima su perspectiva, porque desde su posición de líder educativo, logró detectar la enfermedad que, como un cáncer, fue carcomiendo el sistema: el negocio. Específicamente alude —¡qué gran coincidencia!— al programa federal SES, los Servicios Educativos Suplementarios, y la implantación que se hizo localmente. No podemos decir que en otras jurisdicciones de Estados Unidos ocurrió lo mismo por las mismas causas. Sí podemos afirmar que sucedió en Puerto Rico.

> La culpa es de los contratistas y proveedores de servicios del DEPR, especialmente los que dan los Servicios Educativos Suplementarios— SES y de sus amigos protectores. El poder que ellos tienen es tanto con los PNP y Populares; o con PIP y el MUS, si algún día llegaran al poder, o cualquiera otro que llegue al poder sin un norte centrado en el bienestar del Pueblo. El poder del dinero no discrimina al corromper a los servidores públicos y las entidades privadas sin una sólida misión centrada en el Bien Común.

> No puedo negar que me siento responsable pero no culpable de haber participado en este esquema de corrupción. Viendo hacia atrás comprendo que fue por la ignorancia al no entender el verdadero impacto socioeconómico y pedagógico de este monstruo que se llama la corrupción.

Duras palabras, involucran directamente a los partidos políticos y, sobre todo, habla de su experiencia personal. He preferido referirme a las circunstancias políticas en general del país, que me parece suficiente, y no adjudicarles una intención corrupta única a los partidos políticos. Sabemos, ese es más bien una argumentación de la partidista lucha fratricida y de sus campañas político-partidistas. Sin embargo, el distinguido maestro, pasado director escolar y profesor universitario, apunta certeramente al señalar los estragos que causa no tener suficientemente cimentado el principio del bien común, que se traduce en este libro por ética. He visto que, como el agua penetra el concreto, la corrupción va filtrando y debilitando dicho principio.

Como sabemos, y el exdirector escolar nos lo quiere recordar en sus Confesiones,

> ... bajo la Ley No Child Left Behind (NCLB) ... las escuelas que no cumplían por dos años consecutivos con el 'Adequate Yearly Progress'-AYP medido, en aquel entonces, por las Pruebas Puertorriqueñas de Aprovechamiento Académico (PPAA), entre otros factores, tenían derecho a recibir fondos de Título I de NCLB para dar talleres de desarrollo profesional y tutorías fuera del horario regular, entre otras ayudas económicas.[4]

Así es que llegamos a la otorgación de sobre $1,000 millones en una década para contratar a las empresas educativas que, si hubiesen hecho en términos generales con adecuacidad su trabajo, no estaríamos hoy día en estos pantanos.

Lo que debió ser una iniciativa para financiar el mejoramiento educativo, se tornó de manera instantánea en un "lucrativo mercado", como lo describe el autor de las "Confesiones", y que yo afirmo igualmente. Debo insistir que este libro denuncia a todo diseño de mecanismos para el mejoramiento escolar que parezca una pura oportunidad económica, y que estos sean filtrados y mirados con sospecha. Inevitablemente surgirán personas que solo mirarán ese aspecto monetario sin atender sus propósitos originales. No deja de ser un problema la falta de implantación de otros métodos más efectivos, pero debemos primero mirar con ojos críticos estas medidas lucrativas para evitar aquel empresarismo educativo cuyo único objetivo sea amontonar dinero a costa de nuestros estudiantes.

No es solo válida esta experiencia del exdirector en cuanto al deterioro educativo del país, sino que coincide conmigo en una de las mayores causas en esta de *los mercaderes de la educación*: el afán de lucro.

Según *El estado de las escuelas en el Plan de Mejoramiento en Puerto Rico del año escolar 2010-2011*, preparado por Sapientis, sólo el 14 % de ellas eran "satisfactorias".[5] Unas 555 de esas escuelas ya tenían a ese momento cinco años o más en el plan, es decir, la escasa calidad educativa no mejoró. Otras escuelas iban encaminadas a engrosar esa terrible estadística. Cuando se llega a ese bajo

Cuadro 7: Fondos de Título I al DEPR
(Cifras en US$)

Año fiscal	Fondos de Título I	Acumulados	Transp/ SES	Max/SES/ Std
2002	333,294,835	333,294,835	66,658,967	668.01
2003	402,231,712	735,526,547	80,446,342	876.30
2004	449,159,978	1,184,686,525	89,831,996	1,068.32
2005	466,486,771	1,651,173,296	93,297,534	1,076.25
2006	451,344,832	2,102,518,128	90,268,966	1,127.76
2007	455,589,076	2,558,107,204	91,117,815	1,140.09
2008	510,886,349	3,068,994,553	102,117.45	1,262.86
2009	920,643,303	3,989,637,856	184,128,661	2,361.65
2010	386,407,681	4,376,045,437	0	0
2010 (fondos ARRA)	554,910,077	4,930,955,614	110,982,077	1,371.16
2011	520,137,005	5,451,092,619	104,027,401	1,300.37
2012	481,384,851	5,932,477,470	132,417,656	N/D
2013	453,903,558	6,386,381,028	129,863,982	N/D
2014	434,695,037	6,821,076,065	59,721,000	N/D
2015	418,494,540	7,289,570,605	N/D	N/D
2016	408,719,744	7,648,290,349	N/D	N/D
2017	408,277,916	**8,056,568,259**	N/D	N/D

Total: 8,056,568,259

Fuente: Datos del DEPR.

nivel parece que el destino echa su suerte. Los datos de Sapientis indicaban que el 45 % de las escuelas que no cumplían con los requisitos de aprovechamiento en las pruebas, ya tenían cinco o más años en el Plan de Mejoramiento. Entonces, la pregunta es ¿cómo es esto posible? Inmersas durante tantos años en un plan que no funciona debe costar bastante dinero, pero el costo social debe ser aún mayor.

El sistema escolar público en Puerto Rico estaba en ese momento dividido en tres niveles:

- La escuela elemental, que va del Kínder a sexto grado (K-6).

- La escuela intermedia, del séptimo al noveno grado (7-9).

- La escuela superior, del décimo grado —también llamado el segundo año— al décimo segundo año (10-12), el famoso cuarto año, que en algún momento de nuestra historia fue un orgullo terminarlo para entrar al mundo laboral o a la universidad.

Las estadísticas que recopiló Sapientis sobre el nivel de calidad escolar a esa fecha son más aterradoras cuando se ven por sus distintos niveles. La calidad del sistema escolar tiene una forma de cono, como un embudo que refleja inicialmente una mayor calidad educativa y al final, unos pocos logros. Se va reduciendo dramáticamente el nivel de aprovechamiento y, con ello, se reducen también las esperanzas de salir del círculo de la pobreza y de mejorar los niveles de convivencia social. A este momento en que escribo ya han traspasado los niveles tolerables hasta convertirse en una verdadera crisis que ya no podemos ocultar. También, en ese cono invertido, muchos estudiantes se apuntan a sus primeros grados y con el paso del tiempo la deserción escolar va mellando el sistema.

La crisis actual en Puerto Rico no es sólo económica. Lleva enredada diversas trenzas que son imposibles de separar, como las de seguridad, en las calles y hasta en el hogar, la escasa solidaridad social, la depredación en los negocios, la disfuncionalidad del gobierno, la falta de innovación, la poca inversión, no solamente foránea, sino más importante aún, de los locales y la debacle educativa. Lo que está en juego son los seres humanos que convivimos en la Isla. En fin, creo que el sistema de gobierno debe repensar su función en un mundo indefectiblemente globalizado y permitirle el paso a las diversas fuerzas de la sociedad para que asuman la vanguardia de su desarrollo. La tradición gubernamental en Puerto Rico desde el 1952 es altamente entremetida y a estas alturas no funcionan. Por supuesto, no por eso dejará de ser un gobierno constituido, necesario, que asumirá sus responsabilidades. Sin embargo, debido a su escasa funcionalidad actual, debe permitir que las fuerzas sociales actúen y no seguir obstaculizándolas.

Ciertamente, debemos tener una alta preocupación por la calidad de la enseñanza del primer nivel: el elemental. Es el paso fundamental en el que nuestros estu-

diantes aprenden las destrezas básicas que les permiti-
rán continuar sus estudios. En ese nivel hemos fracasado.
Según Sapientis, de 865 escuelas K-6 (elementales), 684
estaban en Plan de Mejoramiento para el año escolar
2010-2011 y solamente 181 eran satisfactorias. Un poco
más del 70 % tiene problemas. Eso significa que el DEPR
sólo podía garantizar que algo menos del 30 % de todos nuestros estudiantes de escuela elemental lograran
un aprovechamiento adecuado. Ya el cono comienza a
estrecharse.

De 212 escuelas intermedias —reflejaban las estadísticas— 207 estaban en planes de mejoramiento para el
año escolar en cuestión y sólo cinco cumplieron las
expectativas de aprovechamiento escolar. Es decir, el
98 % de las escuelas intermedias ya eran un desastre
educativo, a pesar del esfuerzo diario de la mayoría
de nuestros maestros que han hecho de la educación
una misión, un compromiso que muchas veces raya en
el sacrificio personal. El camino con graves tropiezos
que empezaron a caminar nuestros estudiantes en la
escuela elemental ya era apenas transitable en la escuela
intermedia. Para cualquiera sería evidente que ya el
cono del aprovechamiento escolar estaba prácticamente
cerrado. Todavía no hemos visto lo peor.

Para el año escolar 2010-2011 el 99 % de las escuelas superiores de Puerto Rico (10-12) estaban en planes
de mejoramiento. Es decir, unas 161 de un total de 163.
Sólo dos no lo estaban. Sólo dos fueron "escuelas satisfactorias", según las estadísticas reportadas por Sapientis.

El impacto negativo de esto es tan descomunal, tan terrible para el país, que deja mudo a cualquier persona razonable. ¿Cómo se llegó a esa insuficiencia? ¿Cómo es posible que nuestro sistema escolar público K-12 —que ha sido consagrado en la Constitución de Puerto Rico como un derecho inalienable que le garantiza el Estado a todos— a ese momento haya llegado a ese nivel tan bajo de aprovechamiento? Por ahora, esto constituye un misterio grande como un misterio religioso. Más adelante proveeré datos que abonan a lo que pienso es un serio problema para el mejoramiento de nuestras instituciones, pero no aclaran cómo se llegó a esos niveles, en el 2014. Los últimos cuarenta años de educación escolar pública sólo han beneficiado a los que viven de la educación como un negocio: *los mercaderes de la educación*. Evidentemente, no han beneficiado a nuestros estudiantes.

Esas mismas estadísticas indican que de las 169 escuelas K-9 (de kinder a noveno grado), apenas cinco eran "satisfactorias" y, de las 39 escuelas 7-12 (de séptimo grado a escuela superior), unas 33 estaban en Plan de Mejoramiento.

El fracaso es consistente. Simplemente, el nivel de aprovechamiento escolar en Puerto Rico estaba en la ruina, si creemos que en estos años no debe haber mejorado lo suficiente. Si no lo cree, pregúntese por qué 9 de cada 10 estudiantes en Puerto Rico asistían en ese momento a una escuela en Plan de Mejoramiento. En total, 436,453 estudiantes de escuelas públicas, de un total de 473,735, asistían a escuelas con Planes de Mejoramiento. Esto es el 92 % de los estudiantes, cifras que reveló Sapientis a base del examen de aprovechamiento académico que tomaron los estudiantes en abril de 2011.

Datos preliminares del DEPR para julio de 2011 mantenían estadísticas similares. De 1,473 escuelas, unas 1,259, o el 85 %, estaban en Plan de Mejoramiento. Para el 2012, según la propia agencia, aumentó a 87 % la cantidad de escuelas en mejoramiento escolar, unas 1,262 escuelas. Lamentablemente, desde entonces, no ha ocurrido el milagro de un cambio positivo de nuestro sistema de educación. Por el contrario, la realidad actual es muy triste y de profundo coraje.

Pero podemos aprender a ser distintos de lo que somos, nos decía Jaime Benítez:

> El hombre es el único ser que necesita aprender para existir. Los animales llevan todo su ser futuro especificado de antemano en su naturaleza. Por eso tienen tan poco que aprender... El hombre es la criatura de muchos futuros posibles; la única con libertad para aprender a ser distinta de lo que es.

El presidente universitario nunca perdió de vista para qué educaba. Y eso, me parece, es lo que precisamente hemos perdido hoy. Dijo que la profesión que nos debe preocupar es la "de ser seres humanos". Ese siempre fue su objetivo.

> [L]a verdadera profesión, a la cual todas las
> demás deben remitirse y sin la cual ninguna
> de las demás vale gran cosa, es la profesión de
> ser seres humanos, gente en disponibilidad
> para aprender, para crear, para ser generosos
> con el semejante y exigente consigo mismo.

Los primeros 12 años escolares son decisivos. Junto a nuestros hogares, esos años escolares son el más impactante periodo de formación del carácter, de nuestros valores. Entonces, nuestras más profundas dudas nos fuerzan a buscar respuestas. Si no estamos mínimamente educados, no habrá respuestas adecuadas para esas dudas. En ese período nos preguntamos qué haremos con nuestras vidas. Todos sabemos que un buen nivel de aprovechamiento académico nos dará las mejores respuestas a ese cuestionamiento existencial. No tener una buena educación en ese momento tan crítico de la adolescencia no permitirá ejercer la voluntad con libertad y con ética. De eso advertí en el primer capítulo de este libro y ahora podemos cerrar ese círculo.

"Toda vida verdadera es encuentro", revela el filósofo Martín Buber en su ensayo "Yo y tú".[6] Pero, ¿cómo es posible lograr todos los encuentros posibles que nos espera la vida si no estamos preparados para ellos? La ignorancia, la falta de educación, los problemas que una carencia ética apareja, son obstáculos, muros a esos encuentros de la vida. Y los datos sobre el aprovechamiento académico de nuestros estudiantes así lo confirman.

Según el Perfil del Sistema Educativo de Puerto Rico correspondiente al año escolar 2010-2011 —elaborado por el Instituto de Estadísticas del Gobierno— el 55 % de nuestros estudiantes eran proficientes en inglés, el 51 % lo era en español y el 45 % en matemática, renglones esenciales que miden las pruebas de aprovechamiento.[7]

Esas cifras —que ya era alarmantemente bajas— cayeron en el 2011 a un 41 % en inglés, 38 % en español y apenas un 8 % en matemática, el llamado lenguaje universal. Los jóvenes de nuestra Isla han demostrado en estas pruebas que están cada día menos preparados para insertarse en un mundo laboral cada vez más complejo y competitivo. Por supuesto, el problema en el futuro de esos jóvenes no lo tendrán únicamente ellos en su carácter personal, sino la sociedad completa. No se está preparando adecuadamente a los cuadros que deberán tomar el relevo generacional de los que actualmente trabajan. Tampoco podemos medir su compromiso social ni su ética.

Las estadísticas para ese año de 2011 muestran un grave deterioro de las destrezas de nuestros estudiantes a medida que van cursando sus grados. Por ejemplo, para ese año escolar el 66 % de los estudiantes de tercer grado fue proficiente en matemática. En el siguiente grado bajó a 52 %, y así fue declinando hasta llegar a un 8 % en el undécimo grado. Ese mismo patrón de deterioro educativo continúa en las otras dos áreas básicas de evaluación.

Mientras, en las Pruebas de Evaluación y Admisión Universitaria (PEAU), el deterioro desde el 1985 ha sido constante.[8] Estas evaluaciones corroboran el estado precario en que se encontraba el aprovechamiento académico de los estudiantes del sistema escolar. Si bien el deterioro se reflejó igualmente en las PEAU de razonamiento verbal y matemático de los estudiantes del sistema escolar privado —que suelen tener y tienen mejores resultados— en el caso del sistema público es mucho más demostrativo.

No solamente el deterioro en el aprovechamiento académico es un grave problema que el país debe enfrentar. A este asunto se suma la contracción en la cantidad de jóvenes matriculados en la corriente regular del sector público y el vertiginoso aumento de estudiantes de educación especial.

En el año 2001, hubo 65,576 estudiantes de educación especial en el sistema escolar público. Esa cifra casi se duplicó en menos de una década, al llegar a 126,560 en el 2011, según las estadísticas recopiladas por el Instituto de Estadísticas de Puerto Rico (IEPR). Esa cantidad de estudiantes de educación especial es prácticamente el 25 % de todos los estudiantes matriculados, es decir, uno de cada cuatro estudiantes. Según el Instituto de Política Pública del Sistema Universitario Ana G. Méndez, casi la mitad (47.3 %) de estos estudiantes de educación especial muestra un impedimento relacionado con el aprendizaje, y un 31.3 % presenta problemas del habla.[9] Las consecuencias de que nuestra niñez estudiantil y adolescente tenga algún tipo de deficiencia en el desarrollo y el aprendizaje son graves, para ellos y para todos. Continúan los problemas que enfrentan estos estudiantes de educación especial debido a la pésima atención educativa que les ha dado el gobierno durante los últimos 25 años y del que fue objeto de una demanda que el Estado perdió.

Por otra parte, la cantidad de maestros en el sistema escolar público igualmente ha ido declinando con el pasar del tiempo. En el año escolar 2001-2002, había 42,906 maestros en el sistema. Diez años después, en el 2011, hubo solamente 36,506. Según el IEPR, unos 6,400 menos para atender una población de 512,674 estudiantes matriculados. La cantidad de maestros en el 2011 fue el nivel más bajo desde el año escolar 1990-1991. En un perfil de 2012 del DEPR para el año académico 2011-2012, la agencia señalaba que hubo 471,677 estudiantes y apenas 31,136 maestros, una nueva caída en las estadísticas.

Notas

[1] Ver también: José Santiago Rivera, "Una mirada a los problemas del sistema de educación pública," *Encuentro...Al Sur*. 28 de marzo de 2015. https://abeyno.wordpress.com/2015/03/28/una-mirada-a-los-problemas-del-sistema-de-educacion-publica/.

[2] Hannah Arendt, *¿Qué es la política?* (Barcelona: Paidós, 1997), 57.

[3] Santiago Rivera, "Una mirada a los problemas".

[4] Sapientis, *El estado actual de las escuelas públicas en Plan de Mejoramiento en Puerto Rico, año escolar 2010-2011* (San Juan, PR: Sapientis, 2011). http://www.sapientis.org/docs/Informe %20de %20escuelas %20en %20PM %20 %28completo %29 %20 %28Final %29 %202010-2011 %20a.pdf. Ver también: IEPR, *Anuario Estadístico del Sistema Educativo: Año Académico 2014-2015* (San Juan, PR: Instituto de Estadísticas de Puerto Rico, 2017). https://estadisticas.pr/files/Publicaciones/Anuario_Estadistico_Educativo_2014-2015.pdf.

[5] Sapientis, *El estado actual.*

[6] Maria Popva, "I and Thou: Philosopher Martin Buber on the Art of Relationship and What Makes Us Real to One Another," *Brain Pickings*. 18 de marzo de 2018. https://www.brainpickings.org/2018/03/18/i-and-thou-martin-buber/.

[7] Orville M. Disdier Flores y Jennifer Y. Cabán Rivera, *Anuario estadístico del sistema educativo. Año escolar 2013-2014* (San Juan, PR: Instituto de Estadísticas de Puerto Rico, 2016). https://estadisticas.pr/files/Publicaciones/AESE_2013_2014.pdf

[8] Metro de Puerto Rico, "Como convertir los resultados del College Board a nueva versión," *Metro*. 31 de enero de 2018. https://www.metro.pr/pr/noticias/2018/01/31/convertir-los-resultados-del-college-board-nueva-version.html.

[9] "Más estudiantes con necesidades especiales en DE," *El Nuevo Día*. 26 de septiembre de 2013. https://www.elnuevodia.com/noticias/locales/nota/masestudiantesconnecesidadesespecialesende-1604873/.

"Del sufrimiento han emergido las almas más fuertes. Los caracteres más fuertes se forjan a base de cicatrices."

—Jalil Gibran

La herencia de las tutorías de SES: el desastre del sistema de educación pública en Puerto Rico

Esta realidad insoslayable del deterioro de la educación pública en estos momentos está rompiendo el espinazo de nuestra sociedad y requiere de estrategias coordinadas sectorialmente para atenderlas en forma integral, con premura. Como profesor universitario conozco el problema de primera mano. Lo veo a diario en muchos de mis estudiantes que provienen de escuelas públicas, quienes a pesar de todos los obstáculos y

limitaciones que enfrentaron, responden con el conocimiento que se esperaría en ese nivel. Imagínense si
hubieran tenido acceso a computadoras, maestros de
idiomas, viajes, etc. Por otro lado, lamento la gran cantidad de jóvenes que ni siquiera contemplaron la idea de
proseguir estudios postsecundarios ya que el DEPR los
dejó afuera, especialmente los estudiantes de educación
especial.

El país se nos va de las manos, como agua que se
escurre entre los dedos y los distintos administradores del aparato gubernamental no tienen idea de cómo
enfrentar el problema, si acaso lo ven.

El Instituto de Política Pública del Sistema Universitario Ana G. Méndez, el tercer sistema postsecundario
más grande de Puerto Rico, en su *Estudio sobre el perfil
de la educación pública en Puerto Rico*, 2012, corroboró el
deterioro de la educación, aunque asumió una posición,
para la realidad del país, demasiado esperanzadora.[1] Ese
estudio proveyó datos interesantes sobre el buen nivel
de acceso que se tiene en Puerto Rico a la educación.
Indicó que la tasa de escolaridad en los últimos 10 años
aumentó para todos los grupos entre 3 y 34 años, pero
significativamente para los niños de entre 3 y 4 años.

Aun así, cada año hay menos estudiantes en el sistema escolar, según constatan todos los estudios y el
propio Departamento. Son varias las razones. Sin duda alguna, ahora mismo es por la devastación causada
por el huracán María en nuestro ecosistema y la pérdida de empleos. Otras razones, que siguen la tendencia

de la última década, son fundamentalmente por el envejecimiento poblacional y el patrón de cada día, las familias deciden tener menos hijos —los cuales no han sido sustituidos por patrones migratorios—. Muchos padres optan por un sacrificio económico mayor y colocan a sus hijos en escuelas privadas, que tienen más control educativo y menos tensiones entre estudiantes. Y además, cada día hay menos personas en Puerto Rico. Entre el 2000 y el 2015 Puerto Rico perdió sobre 300,000 personas debido a la migración, particularmente en ruta a Estados Unidos, según un estudio de la Pontificia Universidad Católica de Ponce del 2017.[2] Posiblemente, emigraron algunas 150,000 personas más desde entonces. El impacto económico y social para el país es devastador.

"El sistema de educación pública no se ha atemperado a la realidad actual; los intereses de los estudiantes han cambiado y el sistema no se ajusta a ellos", señaló como uno de los retos actuales el Instituto de Política Pública del SUAGM. Por cierto, es una forma de decirlo, tan certera como *polite*. Mi impresión es que el mundo gira mucho más rápido de lo que en Puerto Rico podemos detectar. En verdad, nuestros jóvenes ven una realidad que los jerarcas del Departamento de Educación no ven. No es casualidad. Nuestro sistema educativo actúa como un largo y elástico brazo que tanto abre la manita como la pasa.

Decía en el Capítulo 1 que los 34 países de la OCDE invertían en promedio, al 2008, unos $ 8,169 por estudiante, distinto a los menos de $ 7,000 en Puerto Rico. Un informe divulgado en diciembre de 2013 por una agencia internacional indicó que estudiantes de los países asiáticos obtuvieron mejores puntuaciones en el programa para la evaluación internacional de alumnos (PISA, por sus siglas en inglés).[3] Aunque Puerto Rico no aparece como jurisdicción separada, Estados Unidos ocupó la posición 36, de 65 países participantes. Esto es por debajo del promedio. PISA evalúa los conocimientos de más de un millón de estudiantes entre 15 y 16 años en ciencias, matemática y lectura de estudiantes. Los países de América Latina ocupan los últimos puestos en esa lista.

Un detalle importante que se provee es que la inversión por estudiante no resulta ser el único criterio para maximizar la educación. Muy bien puede ser el uso más adecuado y creativo de esos y otros recursos. Estados Unidos gasta unos $ 115,000 dólares anuales por estudiante, más que la mayoría de los demás países, excepto Austria, Luxemburgo, Noruega y Suiza. Eslovaquia gasta unos $ 53,000. Sin embargo, los estudiantes de Estados Unidos y Eslovaquia lograron puntuaciones similares.

La fórmula de los países asiáticos, se reseña, es formar maestros de primera calidad, trabajar en colectivo, imponerse objetivos claros y permitir que los maestros vayan tras esos objetivos con toda la autonomía posible que se les pueda dar. *La cantidad de estudiantes por salón es un asunto secundario.* Además, mientras más altas las expectativas de los padres, mayores los logros de esos estudiantes. Unas buenas relaciones maestro-estudiante pueden ser igualmente otra clave para la motivación de los estudiantes.

Finlandia no es la única nueva estrella en la educación internacional. Países como Colombia —que en estos momentos persigue activamente el bilingüismo— Irlanda, México, Polonia y Alemania han revaluado agresivamente sus sistemas educativos para identificar aquellas escuelas con evidentes problemas y estudiantes rezagados y hacerlos competitivos. La ley NCLB, de la cual se benefició el sistema escolar de Puerto Rico, buscaba exactamente esos mismos propósitos. Sin embargo, aquí los logros no solo fueron menos que limitados, sino realmente decepcionantes.

La educación está en una situación crítica. Por supuesto, Puerto Rico enfrenta variadas crisis en todos los demás órdenes. Ante estas, se podría decir que debemos tomar "resoluciones definitivas, irrevocables, extremas, de vida o muerte", según las definiciones de la palabra "crisis" que estudia Reinhart Koselleck. Pues, tantos conflictos acumulados están "resquebrajando el sistema". Y en ese sentido, agrega Koselleck, debe dar paso "a un nuevo contexto".[4] No obstante lo dicho, debemos tener cuidado con esa idea, que parecería evidente por sí misma.

No deben tomarse a la ligera estos momentos de crisis en que se ha pedido a la sociedad puertorriqueña nuevos sacrificios, algunos a expensas de su propio futuro, como ha sido a los maestros y a los empleados públicos. Los gobiernos que lo exigen pueden estar apostando a que "el juicio de la historia" les dará la razón cuando tomaron esas medidas extremas de austeridad. Pero, ¿quién sabe lo que dirá la historia? Los gobiernos han asumido que luego de esos sacrificios, habrá un progreso inevitable y continuo que justificará las angustias momentáneas de los ciudadanos. Por tanto, ahora ejecutan sus políticas severas, sin que apenas haya miramientos en relación con las penurias que causa.

Pero Koselleck le da un tercer significado a la palabra de etimología griega "crisis", un significado un poco más tétrico. Refiere el historiador a la disolución de todo, que puede ser interpretado libremente como Apocalipsis. Las decisiones de hoy ciertamente impactarán el mañana. Los gobiernos se han olvidado que solo representan a las sociedades y es deber recordárselo. El mañana también puede ser más triste aún.

Recientemente, varios educadores, sociólogos y estadísticos estudiosos del tema de la relación entre educación, pobreza y desarrollo económico expresaron sus preocupaciones sobre las políticas públicas en Puerto Rico sobre la educación, especialmente el nivel K-12.

La Dra. Ana María García Blanco, Directora Ejecutiva del Instituto Nueva Escuela expresó:

> Tenemos la ciencia de cómo aprende un niño, como tenemos que desarrollar las estrategias. ¿Vamos a ver a quienes estamos sirviendo?... El problema viene cuando la educación es in-

vadida por la política partidista. La naturaleza de los dineros que se toman no porque tuvimos un buen argumento, una política pública, sino porque tenemos los fondos federales.[5]

El editorial de *El Nuevo Día*, "La educación de primera maximiza el desarrollo", resalta:

Puerto Rico necesita que sus ciudadanos aporten, con sus capacidades, productividad y creatividad constructiva. Muchas de esas capacidades, sin embargo, se diluyen en actividades ilícitas que destruyen vidas y el alma misma de nuestra sociedad. La educación de primera maximiza el desarrollo.[6]

En el artículo, "Educación y desarrollo económico" de la socióloga y economista Marcia Rivera, indica:

... Se verifica que la abundancia de fondos federales ha alentado la corrupción y, junto con la politización de la administración educativa, ha generado una intricada burocracia que reduce la capacidad de gestión del sistema. Tras años de inyección de recursos federales, el desempeño educativo no ha mejorado. Habría que preguntarse seriamente por qué.[7]

Por otro lado, el honorable senador novoprogresista, Lcdo. Miguel Romero expresó en el artículo, "Transpa-

rencia para transformar el sistema público de educación":

> Nuestra ciudadanía va a observar y vigilar, has-
> ta con cierto escepticismo, todos los cambios
> y nuevas iniciativas que se estarán implemen-
> tando durante este y los próximos años, No
> es para menos, se trata de una nueva realidad
> para la educación pública de nuestro niños
> y jóvenes luego de décadas de promesas in-
> cumplidas. La transparencia y la fidelidad a los
> principios educativos básicos serán la clave pa-
> ra el éxito del modelo de las Escuelas-Alianzas;
> al igual, que la atención prioritaria que debe-
> remos dar al resto de las escuelas públicas bajo
> la administración del Departamento de Edu-
> cación. Estoy convencido de que, mejorando
> nuestra educación, transformaremos a Puerto
> Rico.[8]

En su artículo sobre "Educación y desarrollo económico", Marcia Rivera nos continúa diciendo:

> La escuela no es la llamada a equiparar las
> desigualdades con que llegan los alumnos al
> salón de clases. Para que el proceso educati-
> vo sea óptimo se precisan políticas dirigidas a
> eliminar la pobreza, la adversidad y la inequi-
> dad. Hace años que los gobiernos de Puerto
> Rico se desentendieron de esto, asumiendo

que las transferencias de fondos federales a las familias bastaban. Eso no es así y no podemos culpar al sistema educativo del fracaso escolar.[9]

En el próximo capítulo demostraremos que la premisa anterior, de que "asumiendo que las transferencias de fondos federales a las familias bastaban", no solo era errónea en lograr dichas transferencias sino que las mismas nunca llegaron efectivamente, ni tan siquiera con un plan educativo, no solo a las familias, ni a las escuelas, ni a los estudiantes y por último ni al pueblo de Puerto Rico, para encauzarlas hacia una educación de excelencia.

Notas

[1]"Más estudiantes", *El Nuevo Día*.

[2]Alex David, "La migración boricua, al detalle," *El Regional*, 4 de mayo de 2017. http://www.elregionalpr.com/la-migracion-boricua-al-detalle/.

[3]OECD, *Education at a Glance*.

[4]Bo Isenberg, "Critique and Crisis," *Eurozine*. 18 de mayo de 2012. https://www.eurozine.com/critique-and-crisis/.

[5]Keila López Alicea, "Hace falta una política enfocada en pedagogía," *El Nuevo Día*. 30 de agosto de 2018. https://www.elnuevodia.com/noticias/locales/nota/hacefaltaunapoliticaenfocadaenpedagogia-2444206/.

[6]"La educación de primera maximiza el desarrollo," *El Nuevo Día*, 31 de agosto de 2018. https://www.elnuevodia.com/opinion/

editoriales/laeducaciondeprimeramaximizaeldesarrollo-editorial-2444411/.

[7]Marcia Rivera, "Educación y desarrollo humano," *El Nuevo Día*. 31 de agosto de 2018. https://www.elnuevodia.com/opinion/columnas/educacionydesarrollohumano-columna-2444408/.

[8]Miguel Romero, "Transparencia para transformar el sistema público de educación," *El Nuevo Día*. 31 de agosto de 2018. https://www.elnuevodia.com/opinion/columnas/transparenciaparatransformar elsistemapublicodeeducacion-columna-2444400/.

[9]Rivera, "Educación y desarrollo humano".

"Sería en verdad una actitud ingenua esperar que las clases dominantes desarrollasen una forma de educación que permitiese a las clases dominadas percibir las injusticias sociales en forma crítica."

—Paulo Freire

Capítulo 4

Aprovechamiento académico vs. las ganancias de las compañías SES

Mientras el país completo sufre las medidas de austeridad debido a las erráticas políticas económicas de decenas de años, un sector se ha nutrido del desastre. En una gran ironía, el negocio de las empresas de tutorías financiadas por el Departamento Federal de Educación y administradas por el DEPR, acabó con la búsqueda de la excelencia educativa. Así mismo, con todo lo contradictorio que puede sonar. El negocio impera sobre los intereses de los estudiantes. A medida que transcurría el tiempo y los resultados de las evaluaciones de esos estudiantes llegaban, era evidente que las tutorías no sólo eran inefectivas, sino que cada día se añadían escuelas en planes de mejoramiento y los resultados de la calidad educativa empeoraba.

Ya los fondos de la ley NCLB, manejados por el DEPR, habían erogado la cuantiosa suma de sobre $ 1,000 millones desde su implantación a comienzos de la década del 2000. No hay empresa alguna en todo Puerto Rico que haya sido, recientemente, tan exitosa, año por año, en comparación con su inversión, que las compañías proveedores de Servicios Educativos Suplementarios, SES. Ni siquiera la larga contracción y debacle económica que sufre Puerto Rico desde el 2006 les ha hecho un rasguño. Al contrario, cada día surgían más de estas empresas.

Para la convocatoria de propuestas para desarrollo profesional del año 2011-2012 hubo 128 solicitudes de compañías/organizaciones para dar servicios al DEPR. De este total 4 fueron rechazadas por someter fuera de hora y fecha establecida en la convocatoria. Un total de 14 no pasaron de la fase de cernimiento. La puntuación mínima no fue alcanzada por un total de 28 de las solicitudes. Finalmente, 82 compañías/organizaciones fueron recomendadas para ser aprobadas como proveedores para desarrollo profesional de maestros, directores, superintendentes y otros profesionales del DEPR. La cantidad que finalmente dio los servicios no estaba disponible. La cantidad total de 128 incluyen a prácticamente la mayoría de las compañías que ofrecían tutorías.

En marzo de 2013, el representante Eduardo Ferrer Ríos, perteneciente a la mayoría gobernante del PPD, levantó el problema en una vista pública y solicitó una investigación, al menos del uso de esos fondos de tutorías y sus resultados en el cuatrienio predecesor 2009-2012, en el que gobernó el PNP. Ferrer Ríos estaba muy consciente del problema. Lamentablemente, razones personales conocidas por todos, llevaron al representante a renunciar a su escaño, y con él murieron las posibilidades de que ese año —y posiblemente en el cuatrienio— surgiese públicamente el fraude en que se habían convertido las tutorías, no todas, por supuesto. Nunca llegó a radicar la resolución de investigación. Pero ese no fue el primer intento de destapar la olla donde se cocinó el caldo de una gran corrupción.

En el 2009 el senador Luis Daniel Muñiz, de la entonces mayoría gobernante del PNP —y quien es maestro de profesión— radicó la Resolución del Senado 626 para investigar el fraude en las tutorías durante el 2005-2008, en el que gobernaba el PPD.[1] Por supuesto, a nadie se le escapa el evidente juego político. La Resolución ordenó a la Comisión de Educación y Asuntos de Familia del Senado que realizara una investigación sobre alegados malos manejos de fondos asignados a través de los diversos programas federales, "durante la Administración de [Rafael] Aragunde y para otros fines". Aragunde fue el secretario de Educación en el cuatrienio 2005-2008.

La "Exposición de motivos" de la medida es muy elocuente.

La Educación es el pilar de toda sociedad. Un pueblo educado es un pueblo próspero. El gobierno federal asigna fondos para establecer programas de tutorías a los estudiantes que están rezagados en alguna materia. A esos fines, el gobierno federal, les concede a los gobiernos estatales la libertad de establecer convenios o contratos con personas naturales o jurídicas para ofrecer estos servicios.

Durante la Administración de Aníbal Acevedo Vila [cuatrienio 2005-2008, del opositor PPD], las escuelas del sistema público fueron objeto de varios titulares al no cumplir con las expectativas de las pruebas de aprovechamiento. La Administración, en ese momento, se limitó a recomendar pruebas de aprovechamiento especiales para el sistema público puertorriqueño, sin investigar la verdadera razón de este fracaso. Hoy sabemos la razón por la cual los estudiantes del sistema público de Puerto Rico presentaron estas deficiencias.

De acuerdo a una auditoría divulgada, el Departamento de Educación pagó aproximadamente ciento doce millones de dólares ($ 112,000,000.00) de fondos federales durante los años 2006-2007, sin que estas personas jurídicas ofrecieran los servicios de tutorías a los estudiantes que necesitaban los mismos. La poca supervisión de Aragunde resultó en que estudiantes no recibieron los servicios, aunque firmaron y certificaron lo contrario, y que maestros dieran clase a los participantes durante el horario regular de las escuelas y luego en las tutorías. El Departamento de Educación y su Secretario Aragunde delegaron en personas jurídicas esta responsabilidad sin la debida supervisión.

Este mal uso de fondos federales, puede significar para el Departamento de Educación pérdidas de millones de dólares para la Isla. Por lo cual, el Senado de Puerto Rico considera sumamente apremiante realizar una investigación sobre la pasada Administración del Departamento de Educación y el alegado mal uso de los fondos federales asignados para el Programa de Título I, en los años 2006-2007, así como de otros programas provenientes de fondos federales.

Luego, en el "Resuélvase por el Senado de Puerto Rico", además de ordenar la investigación, y evaluar la auditoría señalada, ordenó investigar "todas las contrataciones realizadas con los fondos federales del Programa Título I.c., investigar, sin limitación, todos los Programas creados por fondos federales durante la Administración de Aragunde" y se debía rendir "un informe con sus hallazgos, conclusiones y recomendaciones, no más tarde de noventa (90) días después de aprobada esta Resolución."

En el 2010, el senador Carlos Javier Torres Torres (PNP) radicó la Resolución del Senado 1517 para que se realizara una investigación similar y se identificaran los remedios administrativos o legislativos necesarios para corregir las irregularidades que muchos conocían del programa SES.[2]

Como se ve, la falta de conciencia no era el problema. Inclusive, había una auditoría federal que demostraba un fraude. Lo que ocurría era que las amenazas de investigación se daban en el contexto político-partidista, para hacer daño a la pasada administración de un partido opositor y no para hacer justicia con los dilapidados fondos del pueblo y detener la corrupción. Aquí los partidos sólo intentan retener su poder. Si en ese objetivo hacen el bien, pues santo y bueno, pero no parece que sea su fin verdadero. Por supuesto, es desde el poder donde se reparte el bacalao. Y ese sí parece que es un objetivo que persiguen los partidos con mucha claridad y firmeza.

La auditoría a la que se refirieron ambos senadores es de la Oficina del Inspector General del Departamento federal de Educación, cuyo informe se emitió en abril de 2009, pero cubrió los años 2006-2007.[3] Básicamente, se encontraron serias fallas en el cumplimiento de reglas y procedimientos de manejo y supervisión en el programa de Servicios Educativos Suplementarios, el tristemente famoso SES.[4]

Según la nota periodística de *Primera Hora*, a raíz del informe

> ... el senador del Partido Nuevo Progresista Luis Daniel Muñiz adelantó que solicitará una investigación del Senado al ex secretario porque, a su juicio, el informe demuestra que "bajo la dirección de Aragunde el [D]epartamento [de Educación] concedió 47 contratos por 112 millones de dólares a 18 proveedores, pero no los fiscalizó ni supervisó adecuadamente".
>
> "Según el informe de la OIG, la poca supervisión de Aragunde resultó en estudiantes que no recibieron servicios, aunque firmaron y certificaron lo contrario, y en maestros que dieron clase a los participantes durante el horario regular de las escuelas y luego en las tutorías", agregó.[5]

Otra auditoría para el mismo período relacionada con los Fondos de Título I para servicios de tutorías, pero la cantidad asignada a las escuelas privadas, hace mención a varias compañías que ofrecían igual servicios a las escuelas públicas. Los señalamientos fueron similares. No obstante, al ser escuelas privadas no hubo mucha exposición en los medios noticiosos.[6]

Como era de esperarse, ninguna de estas investigaciones condujo a resultado alguno. Y si preocupante es el uso del poder político para beneficiar el fraude del dinero público y su posterior encubrimiento, inquieta más aún el silencio de la prensa ante la evidencia que desfilaba ante su rostro. El fraude nunca ha sido investigado en toda su extensión. No quisiera pensar que tienen intereses amarrados o empresarios a los cuales proteger, pero mi olfato me dice que ese puede ser un factor.

Más recientemente, la fiscalía federal presentó cargos contra varias empresas y sus dueños por cometer fraude en los servicios educativos prestados, entre ellos registrar servicios a estudiantes no participantes.[7] Aunque algunos se declararon culpables de varios delitos menores, lo cierto es que nunca se inició una investigación amplia y profunda para desenmascarar todo el complejo esquema que, en parte, hemos cubierto en este libro. Más importante aun, es la relación directa demostrada entre la baja calidad educativa y el bajo aprovechamiento académico y su impacto negativo en el crecimiento económico.

La organización Transparencia Internacional, entre sus varias modalidades, define la corrupción como "el abuso del poder encomendado para beneficio personal".[8] En esa medida, habrán notado que este es un libro forzado por la necesidad de transparencia. Debo recalcar que no solo la corrupción pública sino los procesos comerciales dudosos en nuestro sistema de gobierno tienen consecuencias graves para la democracia, el concepto de igualdad, la movilidad socioeconómica, la ética y la convivencia social. La democracia sólo sobrevive con la participación activa de todos sus sectores en igualdad de condiciones. Cuando esas condiciones se modifican para beneficiar a unos pocos o hasta para uno solo, entonces hemos dejado de ser una democracia y entramos de lleno en una oligarquía. No podemos, no debemos ejercer nuestro derecho al voto cada cuatro años solo para legitimar una oligarquía encubierta. Todos los sectores deben ponerse de pie y pasarles la factura a aquellos políticos que se han entregado a los pocos, pero muy grandes intereses, y al mismo tiempo debemos ejercer plenamente, cada día, nuestro derecho a la autoprotección para provocar cambios en nuestro entorno comunitario y hasta del sector privado. Con esta declaración de principios quiero recalcar que el capital puede ser beneficioso cuando se garantiza que todos podemos tener acceso a él en igualdad de condiciones, cuando no sucede así, entonces el pueblo tiene que movilizarse. El verano de 2019 fue un gran ejemplo de la capacidad del pueblo para hacer transformaciones del sistema socioeconómico.

El sociólogo Zygmunt Bauman ha llamado la atención en su libro *¿La riqueza de unos pocos nos beneficia a todos?* que la democracia es la víctima del capitalismo salvaje.[9] Y se refiere fundamentalmente a la desigualdad que genera.

> Hoy la sociedad está cambiando, y los multimillonarios son un grupo cada vez más pequeño que se beneficia del desarrollo de las rentas ascendentes, de la renta nacional. Sin embargo, la clase media está más cerca de los

proletarios y de la gente que vive en la miseria:
es lo que yo llamo el "precariado".

Bauman igualmente ha problematizado el concepto
"crecimiento económico" porque muy bien puede estar
ocultando el enriquecimiento de unos pocos a expensas
de los más.

Tampoco hay que ir más lejos para darle legitimidad
a mi declaración de principios. En su discurso de inau-
guración del segundo mandato, el 20 de enero de 2013,
el presidente Barack Obama dijo, muy preocupado por
el curso social de la Nación, "que un mercado libre solo
prospera cuando existen reglas que garanticen la competencia y los negocios justos". Es decir, la corrupción
en el sector privado altera los mercados en beneficio de
unos pocos y en contra de la mayoría. En ese discurso, el
Presidente se adhirió firmemente al principio constitucional de igualdad. No es el origen de los apellidos, ni la
misma fe ni el color de la tez —dice expresamente— lo
que los hace excepcionales, sino la firmeza en los ideales
de libertad e igualdad. Eso significa muy sencillamente
que en la medida en que las reglas, las normas y las leyes apliquen a todos por igual, el desarrollo para todos
será compartido. El problema causado por la evasión
de las reglas por parte de las empresas para su beneficio
propio y hasta dónde pueden caer los principios éticos
al buscar afanosamente el dinero es uno de los factores
de la compleja telaraña de la corrupción.

El abogado y escritor chileno Axel Kaiser entiende que se puede combatir la pobreza allegando los recursos a todas las clases sociales y que, naturalmente, disminuyen los niveles de desigualdad. Un punto importante en sus postulados es que

> Cuando las desigualdades es producto de normas justas, del esfuerzo, del mérito, del talento, incluso de la suerte, no es injusta. Distinto es si la desigualdad es producto del robo, de la corrupción, de cerrar los mercados para que no haya competencia.[10]

En el capítulo anterior vimos los datos sobre la profunda deficiencia de las tutorías para lograr resultados educativos positivos. Ahora veremos las escandalosas cifras sobre los costos de estas tutorías que, ya estipulamos y reitero, fueron un fracaso monumental.

Hace muy poco tiempo, un estudiante de bachillerato en la Universidad de Puerto Rico podía pagar unos $1,200 por año (2 semestres) por recibir una educación de 24 créditos (12 por semestre), que consiste en 1,080 horas de educación (horas contacto). A nadie le cabe la menor duda que este estudiante universitario recibirá una eficiente educación que le permitirá desempeñar exitosamente un empleo o proseguir estudios hacia niveles superiores.

Entonces, cómo pudo ser posible que por un estudiante de tutoría el DEPR pagara $ 1,300 anuales, y por apenas 40 horas de contacto o educación al año. Y agrava el escándalo que estos estudiantes mostraron poco desarrollo en sus ejecuciones académicas.

El costo por hora de un estudiante de bachillerato de la UPR, al momento de escribir este libro y en fechas que permitían una comparación con los estudiantes de escuelas públicas, era de apenas $ 1.11, mientras que el costo de un estudiante de tutoría a esas fechas fue de $ 32.50 la hora. Las diferencias son obvias, el escándalo era evidente.

Para lograr tan alto rendimiento económico sin producir ningún grado de eficiencia, se requiere un montaje complejo que evite hasta la supervisión. Ya la auditoría de la Oficina del Inspector General del Departamento Federal de Educación demostró esa falta de supervisión. Las estadísticas evaluativas sobre el desempeño académico estudiantil evidenciaron que los estudiantes estaban peor preparados que nunca, sin que las tutorías fuesen un factor de progreso. En cambio, las empresas de tutorías sí progresaron. Fueron, cada vez más, reduciendo los servicios y maximizando sus beneficios.

En una comunicación altamente crítica que se envió a los medios de comunicación en el 2013 y que ningún medio publicó o investigó, se indicó que varias de las compañías proveedoras de los Servicios de Educación Suplementarios que más facturaron lograron que el Departamento de Hacienda le otorgará un *ruling* para no reconocer efectos en las planillas de contribuciones

... los ingresos hasta tanto la Oficina de Asuntos Federales del Departamento de Educación
de Puerto Rico (OAF-DEPR) le reconociera las
facturas y enviaran el trámite del pago al Departamento de Hacienda. Esto podría tardar
más de un año y/o un periodo contributivo
diferente.

Es decir,

se reconoce el ingreso corporativo para efectos contributivos a base de recibo de efectivo o
"cash basis" ... en otras palabras, las compañías
facturan al DEPR sobre $ 100 millones anua-
les y no pagan contribuciones por los ajustes
contables por periodo fiscal y los beneficios
contributivos.

Para los estados financieros auditados se reconoce el
ingreso para reflejar las ganancias, aunque el pago de
contribuciones, si alguno, fuera en otro período.

Notas

[1]Sistema del Trámite Legislativo de la Oficina de Servicios Legislativos. http://www.oslpr.org/legislatura/tl2009/tl_busca_avanzada.asp.

[2]Ibid.

[3]Joel Ortiz Rivera, "Manejos turbios en Educación," *El Nuevo Día*.
30 de agosto de 2009. https://www.elnuevodia.com/noticias/locales/
nota/manejosturbiosenediucacion-609560/.

[4]Office of Inspector General (OIG). *Puerto Rico Department of Education's Compliance with Title I—Supplemental Educational Services. Final Audit Report* (Atlanta, GA: U.S. Department of Education / Office of Inspector General, 2009). https://www2.ed.gov/about/offices/list/oig/auditreports/fy2009/a04i0041.pdf.

[5]"Piden Legislatura investigue irregularidades en Educación," *Primera Hora*. 30 de agosto de 2009. https://www.primerahora.com/noticias/gobierno-politica/nota/pidenlegislaturainvestigueirregularidadeseneducacion-327507/.

[6]OIG, *Puerto Rico Department of Education's Administration of Title I Services Provided to Private School Students. Final Audit Report* (Atlanta, GA: U.S. Department of Education, 2008). https://www2.ed.gov/about/offices/list/oig/auditreports/fy2009/a04h0017.pdf.

[7]Mariana Cobián, "Rocket Learning paga defensa de acusada en caso de fraude," *El Nuevo Día*. 9 de noviembre de 2015. https://www.elnuevodia.com/noticias/tribunales/nota/rocketlearningpagadefensadeacusadaencasodefraude-2123959/.

[8]Transparency International Secretariat. "El índice de percepción de la corrupción 2017 muestra una fuerte presencia de este fenómeno en más de dos tercios de los países," *Transparency International*. 21 de febrero de 2018. https://www.transparency.org/news/pressrelease/el_indice_de_percepcion_de_la_corrupcion_2017_muestra_una_fuerte_presencia.

[9]Acento Veintiuno, "*¿La riqueza de unos pocos nos beneficia a todos?*, libro de Zygmunt Bauman que alerta sobre el capitalismo salvaje," *Pensamiento Crítico*. 4 de febrero de 2014. http://www.pensamientocritico.info/index.php/articulos/otros-autores/espanol/326-la-riqueza-de-unos-pocos-nos-beneficia-a-todos-libro-de-zygmunt-bauman-que-alerta-sobre-el-capitalismo-salvaje.

[10]Yaritza Rivera Clemente, "Presenta sus teorías en Puerto Rico," *El Vocero*. 26 de septiembre de 2018. https://www.elvocero.com/educacion/presenta-sus-teor-as-en-puerto-rico/article_4b810f2c-c138-11e8-81d8-3f652d35e1e2.html.

"La educación no cambia el mundo: cambia a las personas que van a cambiar el mundo."

—Paulo Freire

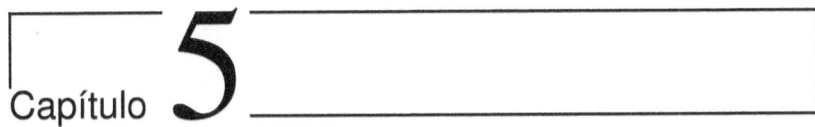

Capítulo **5**

El poder del cartel educativo de APROSES

Decía al inicio del capítulo anterior que, en comparación con su inversión, las empresas de SES generaban más que cualquier otra empresa lucrativa en Puerto Rico. Esto no es una exageración. Si no son la primera, están entre ellas, excepto por el negocio ilegal de narcóticos, que sigue siendo el rey. Ahora bien, el verdadero negocio lucrativo muchas veces se logra cuando alcanzan el monopolio o cuando forman un cartel. Sí, *un cartel*, que es cuando las empresas afines se ponen de acuerdo para fijar las condiciones del mercado.

No soy el único que cree que APROSES, la entidad que agrupó a los proveedores de SES, no solo formó un cartel, sino que, a través de esa organización, fijó las condiciones del mercado educativo para su beneficio económico. Es importante mencionar que no todas las compañías proveedoras de SES fueron miembros de APROSES e inclusive, algunas que fueron miembros y posteriormente se desafiliaron de la misma. Por otro lado, el no haber sido miembro de APROSES garantizaba que se cumplieran los reglamentos y leyes federales y estatales aplicables. Muchas veces aunque no se era miembro de APROSES, se adoptaban aquellas prácticas que los beneficiaban.

Las compañías de SES lograron que para el año académico 2009-2010 se redujera el total de horas contacto de tutorías de hasta 80 horas de servicios que daban algunos proveedores en períodos anteriores, a 40 horas. Esto significa que *los mercaderes de la educación* tuvieron una reducción de 50 % en sus gastos de servicios. Las reglas solo indicaban un mínimo de horas de tutoría, y esta se convirtió por acuerdo de las empresas en el máximo, sin reducir a cambio el pago que ya recibían. En otras palabras, se le concedió a los proveedores una ganancia inmediata en claro perjuicio de la comunidad escolar. La pregunta que viene a la mente: ¿A quiénes realmente le servían los directivos del DEPR, a los estudiantes o a *los mercaderes de la educación*? Obvia la respuesta.

La ley NCLB buscaba ofrecer la mejor educación y apoyo a los estudiantes que estaban en escuelas en plan de mejoramiento. Aunque una mayor cantidad de horas de tutorías no se traduce automática y necesariamente en una mejor educación, tener a los estudiantes más tiempo en programas efectivos de tutorías mejoraría significativamente su desempeño académico y otros beneficios académicos y sociales.

La Oficina de Asuntos Federales del DEPR llegó a dos acuerdos que favorecieron enormemente a los proveedores de SES y los cuales crearon graves pérdidas de tiempo de servicios de tutorías a los estudiantes, y afectaron las relaciones estudiantes-padres-escuelas y comunidades.

El primer acuerdo fue conocido como el 80/20, en el que se estipuló la cantidad de horas de tutorías que se les daría a los estudiantes, basado en el total de pago de salarios a los maestros-tutores en los programas de SES.

¿Cómo funcionó este acuerdo de la OAF-DEPR con *los mercaderes de la educación*? Veamos. El Reglamento de SES regulaba el pago por hora ($ 25) pero no así el pago total. Ante las diferencias de pagos en salarios entre los proveedores a los maestros-tutores, que fluctuaban entre $ 1,700 y $ 2,500 por ciclo de tutorías, *los mercaderes de la educación* decidieron evitar este tipo de competencia basado en el pago a los maestros-tutores, lo cual dependía de la estrategia educativa de cada proveedor. *La 80/20, así conocida entre los proveedores, estableció que cada proveedor le dedicaría el 80 % del salario del maestro-tutor a horas de tutorías a los estudiantes y el restante 20 % a asuntos administrativos.* A modo de ejemplo de una compañía que ofrecía 80 horas de servicios: Al momento de aplicar la regla 80/20 la cantidad de horas de tutoría que proveían los proveedores a los estudiantes fluctua-

Cuadro 8: Horas de servicio de maestros-tutores según SES

Sueldo por ciclo
80 horas @ $25.00 = ... $ 2,500.00

Horas de tutorías
80 % de 80 horas .... 64 horas

Trabajo administrativo
20 % de 80 horas .... 16 horas

Total de horas .... **80 horas**

ba entre las 45 horas, mínimas requeridas por el DEPR, hasta 80 horas o más.

El segundo acuerdo de la OAF-DEPR fue pagar la misma cantidad a todos los proveedores por cada estudiante servido en cada ciclo de tutorías, independientemente de las horas de tutorías y las estrategias de enseñanza. En otras palabras, como una de sus consecuencias, se decidió pagar más a aquel proveedor que daba menos servicios. Claramente, se penalizó a las compañías que pagaban más a los maestros-tutores y tenían otros modelos pedagógicos como estrategias de las tutorías, que requerían más tiempo y, por lo tanto, tenían gastos mayores. El efecto directo de estos acuerdos fue distorsionar aún más todo el concepto de las tutorías y crear una disparidad entre los proveedores en las ofertas de servicios afectando a los estudiantes que al final recibían menos horas de tutorías de cuestionable calidad, según las diferentes auditorias estatales y federales y los resultados de las múltiples pruebas de aprovechamiento académico. Por supuesto, impactó positivamente el negocio, el lucro de los proveedores. La regla forzaba al lucro, no a la eficiencia educativa. Hubo asuntos técnicos que la aplicación de la regla 80/20 produjo. ¿Cómo se medía el pago a los maestros-tutores? ¿Es el total de horas pagadas al maestro-tutor en el período entre cada ciclo o es el pago entre el comienzo del ciclo y el final del mismo?

A la fecha de los acuerdos con la OAF-DEPR habían diferencias entre la cantidad de horas de tutorías según cada contrato, la cantidad de horas de tutorías y el pago a los maestros-tutores. Por ejemplo, algunos proveedores pagaban bonos u ofrecían talleres previos o al final del ciclo, otros pagaban a $ 75 la hora de adiestramiento. Para el ciclo de verano, hubo ofertas de entre $ 2,300 y $ 2,700 de pago al maestro-tutor por 45 horas de tutorías. También ofrecieron campamentos de verano comenzando los domingos, estadías en hoteles, regalos de computadoras y se hicieron otras ofertas creativas que tenían el efecto de reducir las horas contacto y aumentar el pago por hora al maestro-tutor. Estas situaciones crearon una competencia desleal entre los proveedores que afectaron la calidad del servicio a los estudiantes. Es más, según los comentarios de los propios maestros-tutores, hubo proveedores que tuvieron dos cuentas de cheques para pagar a los maestros-tutores: una para el pago según los acuerdos con la OAF-DEPR y otra para los pagos creativos.

Mirando más de cerca y con ojo crítico, el acuerdo de la OAF-DEPR violaba los reglamentos del Departamento Federal de Educación para uniformar la aplicación de los ofrecimiento de los Servicios Educativos Suplementarios bajo la ley NCLB; en la sección B-4, de la *Guía Federal No Reglamentarias*: una agencia estatal de Educación (e.g. DEPR) puede, si lo desea, definir las horas de pago por servicio aceptables según los parámetros de diseño de los programas que influyen en los costos por hora de los proveedores.

El fundamento de esa norma era prevenir el establecer arbitrariamente precios o pagos por hora de servicio de tutorías uniformes, evitando los pagos exorbitantes o irrealmente bajos. Según la *Guía*, una agencia estatal de educación debe evitar arbitrariamente establecer pagos uniformes o tarifas por hora y, si se definen los parámetros de diseño de los programas pedagógicos aceptables para los proveedores, se deben considerar los siguientes factores:

- La proporción de alumno/tutor.

- La variación en asignaciones por estudiante en la Agencia Estatal de Educación.

- La cantidad de horas lectivas; las calificaciones del personal de las tutorías.

- El costo de los materiales y equipos de instrucción (libros, computadores, manipulables, y otros);

- El monto de la renta cobrada. En el caso del DEPR se cobraba alrededor de 4 % por el uso de las escuelas.

Esta cantidad se descontaba al hacer el pago de las facturas sometidas por el proveedor. La cantidad se descontaba de la factura independientemente de si se usaban o no las escuelas, o si se daban las tutorías en centros comunitarios o en otras instalaciones adecuadas.

Otros factores a considerar fueron las políticas de pago de la Agencia Estatal de Educación, en Puerto Rico el DEPR, con respecto a la asistencia, y la variación en el costo de las ofertas de tutorías de acuerdo con la metodología de enseñanza.

Como agencia estatal de educación, el DEPR debió evitar que se establecieran tarifas uniformes (pagos) en Puerto Rico, puesto que su efecto fue reducir los servicios proporcionados a los estudiantes. Los pagos uniformes no se ajustaban a las variaciones en horas de tutorías ni estrategias pedagógicas y dieron lugar a pagos menores por ciclo de tutorías a aquellos proveedores que daban más servicios de horas contacto de tutorías a los estudiantes.

Aunque el pago acordado por contrato se convertía en algo académico, ya que a veces internamente los contratados eran alterados como se documentó en una auditoría federal, dos contratos adjudicados se cambiaron sin autorización. La identidad de la persona que realiza el cambio no pudo ser determinada. El cambio a los contratos aumentó la tasa por hora establecida y cambió las posiciones contratadas para corresponder al aumento en las tarifas por hora. Los cambios no autorizados ocurrieron en algún momento cuando los contratos se transfirieron de la OFA, la Oficina del Programa de SES a la Secretaría Auxiliar de Recursos Humanos (ASHR) para su aprobación y luego a la División de Pagos de la Secretaría Auxiliar de Finanzas (ASF) para el pago. Según el Coordinador del Programa SES, la persona que recibió uno de los contratos modificados entregó personalmente los mismos a la ASHR. Sin embargo, ninguno de los funcionarios involucrados en el proceso de adjudicación de los contratos reconoció haber cambiado los contratos.

También la alteración de los contratados se hacía reduciendo el pago por hora a proveedores. En otras palabras, dependiendo de la dirección del viento y el matiz de la flora se afectaban los proveedores en manipulaciones internas de la OAF-DEPR. A la verdad que todo puede esperarse en el DEPR para beneficio de *los mercaderes de la educación* y en perjuicio de los estudiantes o de otras compañías que puedan ser una amenaza para los objetivos de lograr el mayor beneficio económico.

Ahora bien, ¿por qué el DEPR permitió que los estudiantes y toda la comunidad escolar perdieran servicios adicionales que podían mejorar su aprovechamiento académico, mejorar las instalaciones físicas, mejorar el compromiso de los estudiantes con la escuela, con las comunidades, entre otros muchos beneficios académicos?

Expongamos un ejemplo antes de contestar tan enjundiosa pregunta.

Para el año académico 2008-09, si una compañía ofrecía 64 horas de tutorías al estudiante, representaba 19 horas adicionales al mínimo requerido por el DEPR, de 45 horas, es decir, un 42.22 % de tiempo adicional (19 horas / 45 horas). Visto en términos económicos, la compañía que ofrecía las 64 horas contribuyó más con $ 481.35 por estudiante ($ 1,140.00 pago por estudiante en tutorías @ 42.22 %) por el total de horas adicionales servidas en comparación con el mínimo requerido de horas de 45.

En el primer ciclo de febrero a mayo de 2007-2008, se sirvieron a cerca de 85,000 estudiantes. Si multiplicamos los 85,000 estudiantes por los $ 481.35 (y les recordamos que es el costo del exceso de 45 horas), el DEPR estaba perdiendo, en servicios a los estudiantes, cerca de $ 40,914,750. Esto sólo en *un* ciclo. En un año pueden haber tres ciclos: primer semestre, segundo semestre y verano. En otras palabras, *debido a que los proveedores ofrecieron el mínimo de horas requeridas, el DEPR perdió la oportunidad de proveer a los estudiantes servicios adicionales al año por sobre $ 100,000,000. Todo en beneficio de los mercaderes de la educación.*

Por otro lado, también las escuelas, las comunidades y toda la comunidad escolar perdían —por virtud del acuerdo de la OAF-DEPR— los servicios gratuitos que daban las compañías, que usaban una metodología de enseñanza en la que el estudiante participaba activamente: el proyecto que se conoce como Aprendizaje en Servicio (Service Learning) o lo que es lo mismo, que se utiliza hoy en el DEPR en sus cursos regulares, el "Project Based Learning", PBL. Este tipo de estrategia de enseñanza ha sido más que probada por su impacto positivo en las todas las fases de aprendizaje y comportamiento de los estudiantes, y en toda la comunidad escolar. Este era el tipo de proveedor que era afectado adversamente por los cambios y amenazas internas de la OAF-DEPR. Ofrecían más horas de servicios, afectaban positivamente el ambiente escolar, entre otros muchos beneficios, y, sobre todo, eran una amenaza para *los mercaderes de la educación.*

En términos de horas de servicio directo a los estudiantes para dicho periodo, se perdieron 1,615,000 horas (85,000 estudiantes a 19 horas adicionales) las cuales, divididas entre 94 días lectivos de ese segundo semestre, equivale a 17,181 horas diarias de tutorías pérdidas por los estudiantes y toda la comunidad escolar.

Es evidente que el acuerdo entre los proveedores de SES y la OAF-DEPR para que se ofreciera un mínimo de 45 horas y compensar las compañías por la misma cantidad de pago, independientemente de las horas ofrecidas, se trabajó en contra de la política pública de ofrecer servicios extracurriculares adicionales a los estudiantes, y afectó adversamente las posibilidades

Fuente: Fotografías de Service Learning.

de mejorar el aprovechamiento académico de nuestros estudiantes, tener mejores escuelas, mejores relaciones estudiantes-padres-escuelas y las comunidades, y un mejor desarrollo económico y calidad de vida.

Estas decisiones fueron finalmente avaladas por el entonces Secretario de Educación, Dr. Rafael Aragunde en la que fue posiblemente su última carta firmada en dicha posición.

Lamentablemente, hubo más un efecto acumulativo de la reducción en horas de tutorías de SES en los estudiantes y toda la comunidad escolar. A partir del año académico 2008-2009, el DEPR redujo las horas de tutorías a los estudiantes, de un promedio de 64 horas por proveedor, a un mínimo requerido de 45 horas de tutorías, y, para mayor compensación para los proveedores, a 40 horas desde el 2013. Al acordar el pago igual a cada proveedor, sin importar las horas de tutorías, la consecuencia fue que todos los proveedores ofrecieron el mínimo de horas de tutorías, lógica empresarial.

Esto significó que los estudiantes y la comunidad escolar perdieran servicios directos de tutorías equivalentes a los que se pueden apreciar en el Cuadro 9 en la siguiente página.

Estas dos semanas también representaron pérdidas en pagos a los maestros-tutores, se dejaron de dar meriendas a los estudiantes, tenerlos en los salones de clase en vez de en las calles, trabajo a los oficiales de seguridad y mantenimiento, entre otros muchos beneficios

Cuadro 9: Pérdida de servicios directos de tutorías

Promedio de horas de tutorías, 2008–2009	64
Requeridas por el DEPR	40
Reducción en horas	24
Total de reducción de días de tutorías .... (24 horas / 3 horas / día)	8
Semanas de tutorías no ofrecidas: 8ds/4ds .... (3 horas diarias de lunes a jueves: 4 días)	2

a la comunidad escolar. El efecto acumulativo de estos acuerdos entre los proveedores y el DEPR fueron el menoscabo en servicio acumulados de cientos de millones desde el 2008-09 hasta el presente. El resultado final, una reducción significativa en el aprovechamiento académico de nuestros estudiantes y de la competitividad de Puerto Rico a nivel global.

Para que sea más que evidente el poder y control de las empresas SES y su objetivo puramente económico sobre el sistema educativo público, para que quede incuestionado hasta donde llegó el detalle para ahorrarse el dinero destinado a los estudiantes y maximizar sus ganancias, veamos otro caso.

Las empresas SES estaban tan bien organizadas que lograron igualmente maximizar su inversión cuando redujeron los gastos de merienda. Así es. Recuerden que las tutorías comienzan a partir de las 3:00 pm y se les requiere a las empresas que les tengan alguna merienda a los estudiantes participantes. Los proveedores, acogidos la mayor parte en la Asociación de Proveedores de Servicios Educativos Suplementarios (APROSES), se pusieron de acuerdo para contratar proveedores para las meriendas y redujeron su costo en aproximadamente 1.50 dólares por merienda, Por supuesto, la calidad de la merienda no podía ser la misma. Otra vez, el beneficio de las empresas se logra a costa de los estudiantes y solo luego de haberse puesto de acuerdo para reducir sus gastos. Para estos, la educación es sólo una inversión a la que se le sacará toda la ganancia posible. Para ellos, la educación era solo negocio. Un dato importante y documentado en estudios hechos por entidades de prestigio en y fuera de Puerto Rico es que, para muchos estudiantes, la motivación para la asistencia a clases es el poder recibir el desayuno y el almuerzo. En las tutorías, la merienda representaba su comida del día. Sin embargo, la Pirámide de Maslow era desconocida por muchos proveedores de SES. Su codicia era/es insaciable.

Como decía, la madeja es compleja. El monopolio siempre es síntoma de que el mercado ha sido manipulado y de que hay manejos turbios, aunque no necesariamente ilegales. No obstante, en un mercado libre la competencia siempre produce mejores niveles de calidad y precio. Cuando se tiene un monopolio, los precios y condiciones los fija el vendedor. Por eso, cuando el DEPR permitió un monopolio en el servicio del programa educativo en línea no se logró tampoco el beneficio que hubiese logrado la libre competencia. Veamos la denuncia que se hiciera públicamente y que he citado anteriormente.

Como parte de la convocatoria para nuevos proveedores, se recomendó la adopción de un programa educativo en línea de un proveedor "senior" certificado, como parte de los requisitos para poder hacer uso de tecnología en el programa de SES. APROSES logró que la Oficina de Asuntos Federales del Departamento de Educación de Puerto Rico recomendara a un proveedor como suplidor para los otros y/o nuevos proveedores. Esto eliminó/minimizó las iniciativas tecnológicas y logran uniformar el uso de los programados en línea para reducir costos. También este proveedor recomendado suplió los módulos para cada grado, el equipo tecnológico (tabletas) en adición al programa educativo. No sabemos de una agencia de gobierno que recomiende a sus suplidores a otro suplidor —la competencia— para que le supla los materiales o programados que requieren para sus propuestas con la agencia de gobierno, se expone en un comunicado de prensa emitido por algunas empresas que no eran miembros de APROSES. En el programa SES todo estaba dirigido a maximizar las ganancias, siempre a costa de los servicios a los estudiantes. Las cosas se ven por el resultado, ya lo decía el filósofo Hegel; "El hombre es lo que debe ser, mediante la educación, mediante la disciplina."[1]

Había reglas muy claras en el programa SES que los proveedores circunvalaron para no atenerse a ellas. Un buen ejemplo es que a los proveedores de SES no se les permitía dar otros servicios en una misma escuela. El comunicado enviado a la prensa denuncia que los miembros de APROSES han incorporado otras compañías, que al tener identidad diferente pueden estar ofreciendo SES, desarrollo profesional para maestros, padres, directores y superintendentes. Además, participaban en los programas de Transformación Escolar de las escuelas que muestran bajo aprovechamiento académico, objetivo que las compañías debían lograr. ¡Qué contradicción que los mismos que mantienen las escuelas en plan de mejoramiento ahora las contraten, bajo otra compañía o la misma corporación, para sacarlas de tal clasificación. El programa de Transformación Escolar buscaba sacar las escuelas del plan de mejoramiento con fondos federales asignados a dicho objetivo.

A este momento ya no debe caber la menor duda de lo que se enfrentaba. Estábamos ante un cartel —en el peor sentido de la palabra— que se aprovechó de un espacio permitido por ley para establecer un monopolio mediante el cual se enriquecieron sin dar el servicio al que están obligados, todo con el visto bueno de la más alta jerarquía escolar pública. Aunque APROSES ya no está legalmente operando como una asociación, no significa que sus prácticas no continúen. ¿Qué hizo el DEPR para desertificar las empresas de tutorías que, durante dos años o más, no lograron sacar a las escuelas del plan de mejoramiento, como requiere la ley, un problema que persistía desde hace una década? Pues no hizo nada, excepto, tal vez, descertificar pequeños proveedores sin tocar las grandes empresas, mientras cada día aumentó el número de escuelas en plan de mejoramiento y la cantidad de estudiantes participantes también incrementó, para beneficio exclusivo de estas empresas.

Las irregularidades se van acumulando. En febrero (de 2014) el alcalde de San Lorenzo denunció que varios maestros se dedicaban a orientar a los estudiantes sobre los ofrecimientos que tenían varias compañías de tutorías, que habían contratado a esos maestros. Las orientaciones se hicieron durante el tiempo en que debían estar dando clases. No fue la primera vez que se denunció el hecho ilegal, aunque no precisamente por los mismos maestros que ahora han sido denunciados. Este tipo de violación era conocido en todo Puerto Rico, por muchos años. ¿Qué causó entonces la denuncia que pareció sorprender al mismísimo secretario de Educación Rafael Román? Veamos. Por primera vez, varios municipios decidieron entrar en el mercado de ofrecer tutorías para el año académico 2013-2014. Sin embargo, desconocían cómo verdaderamente se batía el cobre. Por tanto, apenas lograron reclutar algunos pocos estudiantes en las tutorías que ofrecían. Luego fueron afinando el oído y descubrieron los trucos ilegales que cometían algunas compañías para lograr que miles de padres de estudiantes optaran por matricularlos con tal o cual empresa. La denuncia del alcalde fue investigada por la Oficina de Ética Gubernamental y, al día de hoy, es poco lo que públicamente se sabe de ella.

Nuestro amigo el exdirector de escuela tiene en sus Confesiones un testimonio tan claro y de primera mano que me veo en la obligación de citarlo en toda su extensión:

> Interrumpen las prácticas pedagógicas en las escuelas públicas al reclutar en tiempo de clases; en Puerto Rico, a pesar de que es una práctica ilegal pero muy conocida por el DEPR, quienes reclutan los estudiantes para las tutorías son los maestros en sus salones de clases, desperdiciando las primeras dos semanas y gran tiempo del semestre en reclutar y retener a sus estudiantes en vez de dedicarse a dar clases. Esta práctica estaba prohibida por la Ley NCLB. Pero cada maestro recibe el privilegio —por ser sus estudiantes— a dar las tutorías a los estudiantes, los cuales las compañias de SES intercambiaban con otros maestros de la misma materia. Así cumplen con el Reglamento de SES. Por otro lado los maestros coordinadores o gerentes regionales, según lo definían los proveedores, recibían entre 60

y 100 dólares por cada estudiante reclutado. Esto podría equivaler entre 6,000 y 100,000 dólares por ciclo o año de tutorías. No obstante, con los sueldos y condiciones de trabajo del magisterio en Puerto Rico y la repartición billonaria de fondos federales entre unas pocas compañías; los maestros y todo el personal que participaron o participan en este esquema son víctimas de las propias compañías que hacen lo imposible por entrar y mantenerse y este lucrativo negocio. Sin embargo, a la larga quienes son responsables, en el DEPR, son los maestros, directores y otro personal educativo que solo recibió una migaja del botín. Y, sin saber las consecuencias futuras de la Ley NCLB, ahora sus escuelas las cerraron o se están cerrando o convirtiéndose a Chárter. Como todo en Puerto Rico, la fiesta duro muy poco y la responsabilidad del desastre financiero no son los que ahora son millonarios sino "del pueblo que eligió a sus líderes que no supieron manejar los fondos bajo su responsabilidad".

Esta práctica de los Mercaderes de la Educación, permitida por el DEPR, de la administración directa del reclutamiento de los estudiantes las Tutorías de SES en el salón de clases, fue una de las causas principales del desastre en la calidad de la educación. Esto afectó negativamente el aprovechamiento académico, algo que abonaba a los ingresos de estos mercenarios educativos.

El artículo, "El perfeccionismo de la cobardía", el representante Santa Rodríguez resume el *Informe sobre la deuda pública de PR* en relación con los responsables:

> El Informe deposita la mayor parte de la responsabilidad sobre la clase política de Puerto Rico. Sin hacer distinción sobre los partidos gobernantes ni las razones por las cuales cada administración decidió endeudarse más, resuelve diciendo que la mayor parte del desastre económico y financiero del País recae sobre los funcionarios elegidos por la ciudadanía. Entonces, de forma subrepticia, imputa responsabilidad por la situación precaria a los ciudadanos que los eligieron. Por lo tanto, según ellos, la culpa de la crisis es fundamentalmente nuestra, lo que lleva a concluir que es el pueblo a quien corresponde pagar.[2]

Notas

[1]"80 frases de Hegel, el filósofo imprescindible del idealismo," *FrasesdelaVida.com*. https://frasesdelavida.com/frases-de-hegel/.

[2]Jesús Santa Rodríguez, "La perfección de la cobardía," *El Vocero*, 26 de septiembre de 2018, pág. 15. Sobre el informe, véase: Redacción de Sin Comillas, "Informe de investigación de la deuda: cómo se llegó a acumular una deuda 'catastrófica'," *Sin Comillas*. 20

de agosto de 2018. http://sincomillas.com/la-junta-publica-informe-sobre-investigacion-de-la-deuda/.

"La pobreza no es natural, es creada por el humano y puede superarse y erradicarse mediante acciones de los seres humanos. Erradicar la pobreza no es un acto de caridad.Es un acto de justicia. Se trata de proteger un derecho humano fundamental,el derecho a la igualdad y a una vida digna. Mientras exista pobreza no habrá verdadera libertad."

—Nelson Mandela

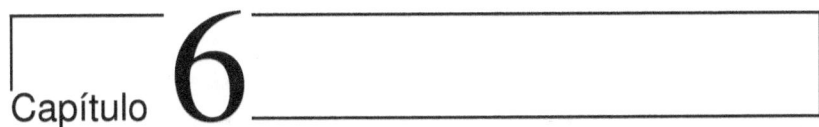

Capítulo **6**

Ahora paga la comunidad escolar

Con la misma lógica del artículo del capítulo anterior reparten las culpas con la crítica situación en el DEPR. Aunque no fue con deuda pública y sí con fondos federales, la responsabilidad es de los secretarios al mando y de los educadores que no supieron manejar administrativamente y académicamente dichos fondos. En la mentalidad de *los mercaderes de la educación*, estaban haciendo un favor en proveer su capital y servicios para beneficio de los estudiantes. Por lo tanto, para ellos, responde toda la comunidad educativa y el país.

Establecimos al inicio de esta investigación el amplio marco legal y comercial en el que discurrieron las empresas educativas sin conciencia, dedicadas únicamente al lucro, y el daño que estas hicieron a una necesaria transformación de la educación y al despilfarro de sobre miles de millones de dólares en el intento, en su origen genuino, para mejorarla. Con los datos y las experiencias que hemos ido aportando en este capítulo hemos puesto una lupa a los actos de corrupción específicos que muchos, no todos, los proveedores de servicios han cometido. Es decir, estamos viendo la manera en que el afán de lucro corrompe. En otras ocasiones, la incapacidad administrativa del DEPR se sumó al desastre causado por el afán de lucro. Ver en el Anejo A las auditorías hechas al DEPR por la Oficina del Inspector General del Departamento de Educación Federal desde el 2008, las cuales documentan todo el desastre administrativo y académico del Departamento más importante para el futuro de Puerto Rico.

Continuemos con el exdirector escolar:

> En muchas ocasiones hay que transferir fondos de otros programas del DEPR para poder cubrir el compromiso del reclutamiento de los proveedores de SES. Falta de mecanismo de control de calidad y dificultad para evaluar a los proveedores privados. Se han reportado ausencias en las tutorías, pero cobran el dinero como si hubiesen estado los estudiantes o los maestros presentes. En Puerto Rico esto se hace inclusive con el llamado Sistema Electrónico de Asistencia (ASISTEC). Varias compañías de SES fueron auditados por el Gobierno Federal al presentar irregularidades. La acción

del DEPR al respecto fue ninguna. Se gastan grandes sumas de dinero público en servicios por proveedores privados que no están regulados ni por una entidad local, como el Consejo de Educación de Puerto Rico, ni acreditadas por una agencia federal o estatal reconocida por el Departamento de Educación Federal.

Otro de los mecanismos ilegales que usaron las empresas educativas para constituir su matrícula fue ofrecer tabletas o "iPads" u otros beneficios a esos estudiantes si se matriculaban con tal o cual empresa, que también estaba prohibido por el *Manual de procedimientos para la administración de los Servicios Educativos Suplementarios*. Las tabletas o computadoras se podían distribuir como parte de la tutoría educativa que se ofreciera, pero ofrecerlas de regalo al estudiante sólo si se matriculaba con "*x*" empresa era ilegal. Recuerde que cada estudiante reclutado le reporta a la empresa una buena fortuna. Como los municipios en gran parte desconocían dicha mercadotecnia ilegal, apenas lograron matricular estudiantes. Afortunadamente, en vez de también echar mano de esas técnicas ilegales, los municipios las denunciaron. Ante la denuncia, el Secretario de Educación, Rafael Román (2013-2016), que conoce bien los asuntos de las tutorías porque en su momento fue *un recurso que coordinaba las operaciones en una de las empresas de SES*, dijo que haría profundos cambios en el sistema. No lo hizo. Sí disminuyó la cantidad de millones asignados programa de SES y se le cambió el nombre, pero también bajó el número de horas de tutorías por estudiante y les redujo los costos a las empresas. Ya sabermos que las ganancias son intocables.

A los maestros contratados por las empresas SES se les prohibía que dieran tutorías a sus propios estudiantes, así que una forma de darle la vuelta al impedimento fue registrarlos durante las horas de clases con tal compañía en las tutorías a sus propios estudiantes, luego las compañías de SES intercambiaban grupos durante la tarde al ofrecer las mismas. Si bien es cierto que los proveedores SES hacían las llamadas "Casas abiertas" para hablar sobre sus servicios a los estudiantes y padres, lo cierto es que apenas esas actividades tuvieron éxito debido a la poca asistencia. La realidad es que los estudiantes ya habían sido reclutados mientras tomaban sus clases en las escuelas. Por supuesto, esto no significa que todos los maestros o todos los proveedores cometieran la ilegalidad, sino solo unos cuantos. Que le caiga el sayo a quien le sirva.

No me perdonaría si en este momento no proveo un testimonio adicional que con gran nitidez evidencia el grado de corrupción de algunas de estos proveedores de SES. Otra vez, no me es permitido adjudicarle nombre y apellido, pero puedo asegurar su existencia, y la denuncia a estas alturas de esta investigación no desentona ni una sola nota de lo que hemos escuchado.

Eso es así, ya que lo vi y, lamentablemente, lo permití. ¿Por qué? Porque, aunque no podía participar de las tutorías bajo ninguna forma —el Reglamento de SES lo prohibía—, pero cuando daban las propias compañías talleres profesionales con otros contratos con el DEPR, me quedaba con mi familia en un buen hotel, casi una *suite* presidencial, con todos los gastos pagos. También las mismas compañías, con otros contratos, como 21st Century Community Learning Centers, me pagaban por supervisar el Programa de 21st Century, aunque lo hiciera otro. Aparte de los almuerzos, cenas, fiestas de Navidad de las compañías y regalos para la "escuela".

De esto no me siento orgulloso y me avergüenza, pero la tentación era y es fuerte. Lo lamentable es que ahora la culpa es de todos menos de los que se están llevando los fondos del DEPR y son o se están haciendo millonarios, gracias a la corta visión que tuve y tuvieron los compañeros directores que, al igual que yo, cayeron en la tentación, y de los maestros al permitir la corrupción de reclutar en el salón de clases y dedicar tiempo lectivo a los informes de las compañías a través de todo el semestre y el año académico.

Repito, esta conducta era la excepción, pero la presión de las propias compañías, la indiferencia del DEPR y la cantidad de dinero que pagaban, hacía imposible que alguien con necesidad económica y sin conocimiento real del efecto a largo plazo de tal mecanismo de reclutar iba a tener en las propias escuelas y la economía de Puerto Rico. Al final del ciclo de las tutorías, dedicaban casi 100 % para poder cobrar los jugosos salarios que no comparan con los del DEPR, especialmente para los gerentes de centro o gerentes de zona. Claro, todos eran en su mayoría maestros del DEPR. Inclusive, el propio DEPR les había dado licencias sin sueldo a funcionarios para dirigir compañías de SES. Si algo es bien conocido en Puerto Rico son las deplorables condiciones de salarios y beneficios para los maestros y las humillantes condiciones de la infraestructura y los equipos de las escuelas que en vez de motivar a aprender motivan a irse mental o físicamente. A corto plazo se gana, pero ahora somos los malos y los proveedores se llevan los millones.

El testimonio agrega también que se pagaba a los directores para que supervisaran pre y postpruebas que en verdad supervisaban maestros empleados por las empresas educativas. "Yo recibí mi cheque y ni estuve en la escuela en esos días. ¡Increíble! El propio DEPR aprobó ese pago por recomendación de APROSES".

Mientras tanto, los proveedores emitían grandilocuentes justificaciones por no haber logrado sus objetivos y el DEPR les compraba sus argumentos y no intervenía con ellos. En un artículo de Cintrón Arbasetti de noviembre de 2012, algunas empresas le indicaron al periodista que hay "factores que no controlan" que inciden negativamente en sus esfuerzos. Uno fue bastante cínico al decir que "no son una varita mágica", aunque el propósito expreso para el cual se contrata a esas compañías es sacar a las escuelas de su escaso aprovechamiento. Otros se quejaban de los criterios muy altos para que las escuelas logren progreso. Incluso, uno se quejó de que las 48 horas de tutorías que daban eran muy pocas. Irónicamente, el secretario Román las bajó a 40. Mientras alguien habló de "un cambio de actitud positiva" hacia las materias de ciencias y matemáticas, otro afirmaba que el programa SES no es un fracaso. Sin embargo, más escuelas continuaron incorporándose al plan de mejoramiento por su escaso aprovechamiento escolar. En el pasado, Don Jaime Benítez demandaba con clarividencia que se evaluara a la Universidad, y de paso a él, como su máximo dirigente, por sus resultados. Hoy, aproximadamente cinco decenios después, no se puede pedir menos al DEPR y sus "líderes".

Las escuelas que no mostraran mejoramiento escolar estaban expuestas a sufrir fuertes sanciones provistas por la ley federal, entre ellas, un cambio en su administración, sacar estudiantes y moverlos a otras escuelas, cambio de maestros, convertirla en chárter o sencillamente cerrarla. Esas consecuencias, como mencionamos anteriormente, no estaba en la conciencia de todos los educadores en los salones de clases y en las escuelas que fueron parte del engaño. No obstante, era

de conocimiento de todos los proveedores de SES. El tema se
discutió en reuniones de APROSES.

Las tutorías son un recurso valioso de aprendizaje.
La relación estudiante-maestro es más cercana, asertiva
e incide sobre problemas específicos que se quieren
atender y corregir. Tampoco se pierde el tiempo. En
el *Cuaderno de Investigación en la Educación*, número 5,
de diciembre de 1992, del Centro de Investigaciones
Educativas de la Facultad de Educación de la UPR, se
reseña:

> ... el efecto académico del programa de tuto-
> rías, *no de las ofrecidas por SES* en un grupo
> de niños de primer grado de la escuela Sofía
> Rexach medido por una pre y post prueba
> diagnóstica del Departamento de Educación.[1]

Esta escuela, con graves problemas de aprovechamiento y deserción escolar al momento del estudio,
se encuentra en Cantera, un barrio pobre de San Juan.
El estudio concluyó de manera científica —lo que es
alentador para todos aquellos que creemos en la utiliza-
ción de diversas herramientas para lograr los objetivos
educativos— que este método remediativo de rezago
escolar logró un éxito de aproximadamente 70 %, aunque "posiblemente, el ambiente no esté proveyendo
oportunidades suficientes para el desarrollo" de las destrezas que se medían y se pretendían corregir. Si bien
el ambiente es muy importante para desarrollo de las
capacidades, cuando todos los participantes logran con-

centrar los esfuerzos el éxito es inevitable para un buen por ciento de los estudiantes. Por supuesto, se recomendó que las tutorías continuaran y se extendieran a otras materias. Repito, el estudio no tenía relación alguna con las Tutorías SES.

Logros como el de esta escuela *no* se materializaron durante la vigencia del programa SES. Posiblemente porque en las escuelas con empresarios educativos se concentraron en maximizar una inversión económica y no en que los estudiantes superaran sus insuficiencias académicas.

Según el Afterschool Alliance sobre los resultados de los programas de tutoría implantados después del período de clases, también demuestran su efectividad.[2] Entre ellos, mejoró la asistencia escolar y el compromiso en el aprendizaje. Se sostiene que los estudiantes que participaron en los programas extracurriculares tienen menos probabilidades que los no participantes de ausentarse crónicamente de la escuela, y como un todo, aumentar su asistencia escolar. Encontró la evaluación del programa que los estudiantes inscriptos en la variedad de programas de aprendizaje extracurricular y de verano se gradúan a una tasa del 95 %, casi el doble de la tasa general de los que asisten a las escuelas públicas. Además, el 60 % de los participantes de aprendizaje extracurricular inscriptos en una universidad de cuatro años cursaron carreras en campos relacionados con STEM.

Por otro lado, los estudiantes de secundaria que participaron al programa después de clases asistieron a la escuela por un promedio de tres días más por año que aquellos que no están inscritos en el programa. Igualmente, el 91 % de los participantes se gradúa de la escuela secundaria, en comparación con el 61 % de los que no participaron.

Hay otros intangibles de gran importancia que no debemos pasar por alto y que atienden a la transformación profunda que causan estos mecanismos remediativos en los estudiantes. Por ejemplo, el mejoramiento en el comportamiento informado por los maestros refleja que más de la mitad de los asistentes regulares a los programas de aprendizaje extracurricular mejoraron su comportamiento en clase (53 %), la participación en clase (66 %), la atención en clase (57 %) y completar las tareas (66 %). También, los estudiantes de secundaria que participaron en el programa tienen asistencia de clase superior, ausencias a los cursos más bajos y tasas de graduación más altas que los estudiantes similares que no participan en el programa.

En torno a la evaluación académica, los resultados indican que los estudiantes que asisten al programa de tutorías de aprendizaje extracurricular de calidad recibieron puntuaciones más altas en inglés y matemáticas que aquellos que no participaron. Además, los participantes en los programas para después de la escuela se desempeñaron mejor que los que no participaron en las secciones de inglés y matemáticas. El 94 % de los estudiantes de secundaria que asisten a los programas de aprendizaje extracurricular mantuvo o mostró crecimiento en artes del lenguaje (en comparación con el 59 % de los que no participantes), el 84 % mantuvo o mostró crecimiento en matemáticas (en comparación con el 62 % de los que no participaron) y el 85 % mantuvo o mostró un crecimiento en ciencias (en comparación con el 40 % de los no participantes).

Igual en importancia, y como resultado del programa, estos estudiantes mejoraron significativamente sus puntuaciones en los exámenes estandarizados. Se informa que después de dos años de asistencia al programa, evidenciaron ganancias significativamente mayores en sus puntuaciones en lectura y resolución de problemas en comparación con los que no asistieron. Aparte de estas estadísticas que afirman sin lugar a dudas la eficacia del progreso programa tutorial, se revela en la fuente consultada que al evaluarse los programas extracurriculares se descubrió que cuantas más oportunidades extracurriculares tenga un alumno, más probabilidades hay de que experimente un aumento significativo de las pruebas estandarizadas en matemáticas e inglés.

Se descubrió que tan solo 45 minutos de instrucción académica de calidad enfocada después de la escuela, utilizando materiales especialmente diseñados, resultaron en un aumento estadísticamente significativo en las puntuaciones de matemáticas. *La evaluación de los programas de aprendizaje extracurriculares encontró que la participación regular en iniciativas de este tipo que son de alta calidad está relacionada con ganancias significativas en puntuaciones de exámenes estandarizados y hábitos de trabajo.*

La evaluación de resultados señaló claramente que los participantes activos en programas de aprendizaje extracurricular tuvieron más probabilidades de aprobar y pasar el examen en noveno grado que los que no participaron. El 32 % de los participantes activos de noveno grado tomaron y aprobaron el examen, en comparación con el uno por ciento de los no participantes de noveno grado. Estos datos no solo son dramáticos, sino altamente relevantes pues confirman que un programa extracurricular de calidad en el mejoramiento de ciertas destrezas de la educación es verdaderamente eficaz.

Cuando vemos que algunas de las empresas SES en Puerto Rico han logrado contratos de cientos de millones de dólares en los servicios de tutorías es imposible no levantar ciertas banderas, particularmente cuando su éxito académico ni siquiera es ínfimo, sino más bien un absoluto fracaso.

Según reportado por el propio Cintrón Arbasetti, para el año fiscal 2012, varias compañías lograron poco menos de $ 400 millones en contratos, unos $ 385,954,717 exactamente en solo tres empresas. Las restantes compañías —sobre 40— se distribuyeron los otros $ 318 millones de un total de sobre $ 700 millones disponibles.

Actualizando los datos anteriores, Rosado Ortiz indica:

> Desde el año 2006-2007 hasta el 2012-2013, Puerto Rico ha recibido en fondos de ESEA, NCLB, añadido, $ 3,507,728,990 [$ 3.5 mil millones], otorgados a compañías privadas para ofrecer los SES y otros servicios.... Por el resultado de las Pruebas Puertorriqueñas de Aprovechamiento Académico, criterio importante para medir la efectividad de los SES, no se observó mejoramiento en el desempeño del estudiantado ni en el de las escuelas, a pesar del aumento en presupuesto en la última década para la prestación de esos servicios. Por el contrario, se observó una relación inversa entre el presupuesto invertido por la ESEA, los resultados proficientes y avanzados obtenidos por los estudiantes en las Pruebas y las escuelas en plan de mejoramiento durante los últimos siete años.[3]

De acuerdo con el periodista, Edwin Morales Laboy:

> Así fue que, durante más de diez años, sesentaisiete compañías proveedoras de Servicios Educativos Suplementarios, sin rendirle cuentas a nadie, se agenciaron más de $ 1.4 mil millones en unas tutorías fraudulentas que solo ayudaron a engrosar las arcas de estos Mercaderes de la Educación y, para efectos prácticos

"aquí no ha pasado nada". Reinaba la impunidad y el silencio. Para justificar su presencia, estas empresas promotoras del fraude y del fracaso escolar como elemento indispensable, estaban salivando con el anuncio del Gobernador, ya que comenzaron a ver la posibilidad del reparto total del presupuesto a sus manos.[4]

Cuando Morales Laboy menciona el "anuncio del Gobernador", se refiere a la eventual firma por parte del hoy exgobernador Ricardo Roselló de la Ley Núm. 18 de 2018, Ley de la Reforma Educativa de Puerto Rico, que permite la creación de escuelas chárter y los vales educativos como una alternativa para privatizar la administración de las escuelas públicas.[5]

En su artículo, Morales Laboy mencionó dos eventos que eventualmente ocurrieron. El primero fue la solicitud de administrar escuelas charter por parte de algunas de las compañías proveedores de las tutorías SES. Lo segundo:

En el caso de las escuelas necesitamos un cambio de visión, pero este cambio debe tomar en cuenta sacar a la empresa, el animo de lucro de la ecuación educativa y debe venir de abajo hacia arriba. No permitiremos que los políticos acaben por castrar el futuro del país. Nos vamos a defender.[6]

Estas palabras fueron escritas casi año y medio antes del Verano de 2019.

Al DEPR lo han querido manejar como si fuese una empresa eficiente y sin problemas, a la que solamente hay que mantener engrasada para que su engranaje continúe corriendo, cuando lo cierto es que, en esa agencia, que se lleva un tercio de todo el presupuesto del país, la eficiencia académica es menos que reprobable. Para los mercaderes de la educación, el DEPR es solo un botín de guerra, un cofre del tesoro. Y el silencio de su jerarquía en los últimos 15 años causa, lo menos, suspicacia, sobre todo cuando lo menos que uno ve es complicidad.

Quien da la mano para ayudar evita que otro la extienda para pedir, ya había dicho. La política gubernamental de asistencia ha fracasado, no tanto en teoría como en ejecución. Ciertamente, creo que el asistencialismo puede provocar graves distorsiones en aquellas personas que reciben la ayuda. Lo hemos visto. Se crea una sicología de poco esfuerzo y de creer que la ayuda es obligada y para siempre. Por otro lado, reconocemos que hay necesidad en el pueblo. El problema consiste en llegar a ese balance, nada fácil. Por eso, la ayuda que se ofrezca debe ser algo más que dar y mantener. Fíjense si nuestros ancestros son sabios, que la frase "no me regales el pescado, enséñame a pescar" recobra hoy una importancia como nunca antes. El papel del gobierno en el mundo ha cambiado. Las manifestaciones del pueblo de Puerto Rico le han demostrado a los que ostentan en estos momentos el poder gubernamental que las reglas del juego definitivamente han cambiado. Están en el poder gracias al pueblo y al pueblo se deben. Todavía esperamos que esa noticia llegue claramente aquellos que no quieren ver la nueva realidad.

El programa SES, según diseñado, tuvo unos objetivos y mecanismos de ejecución bastante avanzados. Sin embargo, no contábamos con que se crearía un cartel que lo monopolizara y acabara con los sueños de muchos de nuestros estudiantes desaventajados. Sobre diez años de ganancias excesivas contrasta marcadamente con sobre diez años de fracasos académicos. Estas empresas han ingresado sobre $ 1,000 millones y muy pocos estudiantes llegaron a superar sus deficiencias académicas.

Y el gobierno es cómplice tanto de las ganancias excesivas de estas empresas educativas como del fracaso de los estudiantes. Aun así, para muchos sectores gubernamentales en el país, aquí no ha pasado nada. A pesar de las nuevas leyes y la llamada reforma educativa, lamentablemente, hemos visto cómo se inició el tercer período de corrupción en el DEPR. Se ha demostrado que si estas entidades no son supervisadas adecuadamente y el gobierno no se anda con cuidado, los resultados serán exactamente los mismos. Por eso es que la acción ciudadana no puede parar y establecer mecanismos de control eficientes y constantes de todos las acciones con los fondos estatales y federales del DEPR.

Cuando las decisiones del DEPR se centraron en beneficiar a *los mercaderes de la educación* y no a la comunidad escolar, nos insertamos irremediablemente en los que algunos autores llaman los "fabricantes de miseria". Los intelectuales latinoamericanos Plinio Apuleyo Mendoza, Carlos Alberto Montaner y Álvaro Vargas Llosa, en su libro *Fabricantes de miseria* (1998), proveen datos y causas de la distinguible miseria en América Latina en comparación con otras naciones.[7]

En la década de 1950 Puerto Rico, así como Argentina, Chile, Uruguay, Cuba, y Venezuela tenían una renta per cápita superior a España. Para el 1998 España ya le doblaba la renta a Argentina, un país de una riqueza extraordinaria. ¿Qué nos pasó? Sencillamente nos dedicamos a fabricar miseria, uno de cuyos componentes principales en el gobierno son las prácticas antieconómicas, el clientelismo, la corrupción, el empresarismo monopolista y del gobierno.

El parasitismo como se ha demostrado se da en la educación y, ciertamente, en Puerto Rico ha sido un ejemplo reciente y triste de un empresarismo educativo afanoso en su ambición y el lucro, como creo que he demostrado en este libro, el cual debe comenzar a ser superado inmediatamente, más aún con las nuevas acusaciones y arrestos recientes hechos por el FBI. Cambiar dichas prácticas nocivas en la relación enseñanza-aprendizaje por otras que han funcionado, y adaptar y crear algunas otras, le brindaría a los estudiantes la oportunidad de que *el futuro sea ahora*.

Recomendamos establecer las estrategias desarrolladas por el Instituto Internacional de Planeamiento de la

Educación de la UNESCO, IIE-UNESCO y su plataforma ETICO de recursos para promover la ética combatir
la corrupción en la educación. Las estrategias deben
lograr una adecuada fiscalización de todos los procesos gubernamentales y exigir una transparencia donde
el pueblo entienda y tenga conocimiento de la gestión
gubernamental, de tal forma que pueda tener una participación activa.

Notas

[1]Josephine Snow, "El efecto académico del programa de tutorías
en un grupo de niños de primer grado de la escuela Sofía Rexach
medido por un pre y post prueba diagnóstica del Departamento de
Educación," *Cuaderno de Investigación en la Educación* núm 5, (diciembre de 1992).

[2]http://afterschoolalliance.org/documents/factsResearch/This_
Is_Afterschool_2018.pdf.

[3]Gloria Rosado Ortiz, "Deserción o exclusión escolar: análisis
sobre educación, desigualdad y pobreza en Puerto Rico," *Análisis* 15,
núm. 1 (2014): 144.

[4]Edwin L. Morales Laboy, "Las escuelas chárter y el futuro del
país," *80 Grados*. 9 de febrero de 2018. http://www.80grados.net/las-
escuelas-charter-y-el-futuro-del-pais/.

[5]Ibid.

[6]Ibid.

[7]Mendoza, Montaner y Llosa, *Fabricantes de miseria*.

"El sufrimiento de unos puede ser provocado por la ambición de otros."

—Madre Teresa de Calcuta

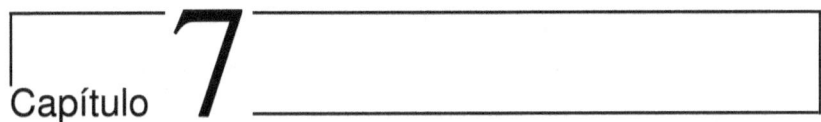

Capítulo 7

Red de apoyo a las tutorías de SES

Como se indicó en los capítulos anteriores la red para mantener operando un sistema complejo y lucrativo requiere de muchos participantes y servicios en el cual cada uno obtiene su parte de la distribución de los fondos. No necesariamente quien se debe beneficiarse directamente de los mismos; los estudiantes.

1. Servicios de financiamiento

Como dato importante el Programa de SES era el único que tardaba meses y a veces más de un año en pagar a los proveedores. Esto causaba, dado el volumen millonario del negocio, que las compañías tenían que obtener financiamiento externo para poder operar y dar las tutorías. Ante esta necesidad, el Banco Popular de Puerto Rico (BPPR) tenía un grupo especializado en evaluar y proveer financiamiento a los proveedores con el mayor volumen de ventas de SES. También compañías de fondos de capital de riesgo y hasta el Banco de Desarrollo Económico daban apoyo financiero para las proveedores poder operar sus negocios a lo que la OAF revisaba las facturas y las enviaba a Hacienda para el pago. En Hacienda, empezaba otro proceso que atrasaba el pago debido a la liquidez gubernamental.

A pesar de que las facturas de los servicios de SES estaban garantizados con fondos federales del Programa Título I del Departamento de Educación Federal, el BPPR y las otras fuentes de financiamiento no aceptaban únicamente las facturas como garantía. Había que presentar otros activos de los proveedores que garantizaban el financiamiento, tales como propiedades, inversiones y demás. La práctica del atraso considerable de los pagos por parte de la OAF y los requisitos de garantías en propiedades o inversiones cualificadas para obtener financiamiento, limitaba considerablemente la entrada de entidades educativas reconocidas y acreditadas para dar tan importantes servicios de tutorías. Este punto fue resaltado por la presidente de la Asociación de Maestros de Puerto Rico, la Sra. Aida Díaz, en el programa *Jugando Pelota Dura*, como un obstáculo para que los propios maestros hubiesen formado una cooperativa o cualquier otro tipo de empresa, y haber ofrecido directamente las tutorías. La Ley NCLB permitía que la escuelas que no estaban el Plan de Mejoramiento pudieran ofrecer las tutorías. Claramente, por esta razón y el acceso a los fondos federales de Titulo I para tutorías, las compañías de SES acabaron con estas escuelas y las convirtieron prácticamente el 100 % en escuelas en Plan de Mejoramiento.

En otras palabras, si en el DEPR hubiesen tenido una visión en pro de la excelencia educativa en general, la mayoría de los proyectos realizados con los fondos federales se hubieran hecho con las entidades educativas reconocidas y acreditadas por el Consejo de Educación de Puerto Rico, incluyendo la Universidad Puerto Rico. Además, los fondos hubieran fortalecido la educación desde la escuela primaria hasta K-12 y el bachillerato, K-16. Lamentablemente, perdimos esa oportunidad durante la Ley NCLB. De hecho, todas las compañías utilizaron y utilizan los recursos humanos del propio DEPR, activos y retirados, como sus empleados por contrato profesional para sus proyectos.

2. Servicios de cumplimiento

El DEPR exigía que un Contador Público Autorizado (CPA) llevara a cabo un trabajo de cumplimiento examinando todos los documentos de apoyo a cada factura para asegurar el cumplimiento con el Reglamento de SES además de la normativa federal. El CPA verificaba que estuviese cada documento en el orden adecuado, la congruencia de las firmas de las madres, padres o encargados de cada estudiante servido y las horas de tutorías, entre otros requisitos. A pesar de todo este trabajo por un CPA, se cometían los errores y los fraudes ya conocidos.

3. Servicios de asistencia electrónica: ASISTEC

Luego de la auditoría federal mencionada se contrataron los servicios de EVERTEC, en aquel momento una subsidiaria 100 % poseída por el Banco Popular de Puerto Rico, para proveer la asistencia digital de los estudiantes matriculados en SES. Nuevamente, a pesar de usar lo último en la tecnología para el registro de la asistencia de los participantes, se siguieron cometiendo los fraudes en la facturación por parte de algunos de los proveedores. Al parecer, el sistema de ASISTEC no tenía buenos controles o *firewall* para detectar alteraciones al mismo, a pesar del costo millonario de la red.

4. Procesos de evaluación

El DEPR para cumplir con gobierno federal con relación a la evaluación a los proveedores en términos del aprovechamiento académico de las tutorías se contrató a SOFTEK para dar unas pre y postpruebas a los estudiantes matriculados en SES.

Las pruebas APRENDA fueron el instrumento que utilizó la OAF para medir el supuesto progreso académico de las tutorías de SES. Sin embargo, esas pruebas habían sido descartadas por el propio DEPR cuando sus propios evaluadores académicos concluyeron que las mismas no estaban alineadas a los estándares. Por lo tanto, solo sirvieron para dar a entender al Departamento de Educación Federal que se estaba haciendo una evaluación de el Programa de SES. En realidad nunca se dieron los resultados académicos científicamente documentados, pero sí se pagaron millones por unas pruebas que estaban para ser decomisadas.

El contrato estipulaba o se le dio la capacidad a SOFTEK de exigir el pago adelantado a cada proveedor en forma de giro postal o cheque de gerente, no aceptaban cheques corporativos. Si el proveedor no podía pagar la prueprueba, SOFTEK no autorizaba el comienzo de las tutorías por parte del proveedor. De igual forma, la postprueba había que pagarla con anticipación, sea con giro o cheque de gerente, si se quería facturar por los servicios prestados a los estudiantes. Dato interesante era que había que devolver las pruebas, y a veces prestarlas entre los proveedores, ya que no había inventario suficiente. Claro, se facturaba a ambos proveedores.

Vemos como estos "controles" fueron excelentes en papel, pero inefectivos en la práctica y, eventualmente, no iban a acabar o reducir la corrupción. Por el contrario, algunos en ellos mismos fueron un engaño. Como consecuencia, estamos hoy nuevamente en sindicatura y sin acceso a los fondos federales.

"La educación es el arma más poderosa que puedes utilizar para cambiar el mundo."

—Nelson Mandela

"Cuando se nace pobre,estudiar es el mayor acto de rebeldía contra el sistema. El saber rompe las cadenas de la esclavitud."

—Tomás Bulat

Capítulo 8

El crimen paga: Los casos de VERNET y la Fiscalía Federal

Fiscalía Federal multa por $ 250,000.00, pagaderos a plazos, a VERNET por facturar y recibir cerca de $ 6,980,443.00 en Servicios de Tutorías parcialmente no ofrecidas. VERNET, cuyo presidente es el Dr. Manuel Figueroa, no tiene que devolver los fondos recibidos.[1]

Se habla mucho de las alternativas para combatir la corrupción en Puerto Rico, especialmente desde la perspectiva de la mal llamada corrupción gubernamental. Se quiere dar la impresión que el problema proviene exclusivamente del sector público y exime al sector privado de su participación en el flagelo de la corrupción.

La corrupción es muy compleja y, al igual que un virus, tiende a fortalecerse y ser muy oportunista. Para poder combatirla hace falta un enfoque integral que permita entender las variables que motivan a las personas o a las organizaciones a ser corruptas en la practica aunque en la vida real se tenga otra imagen.

Son muchos los factores que incentivan a que las personas o las organizaciones opten por ser corruptas. El principal es el grado de severidad del castigo a ser recibido si se descubren los actos de corrupción. En el estudio "Cuando el crimen paga: medir el desempeño judicial contra la corrupción en Brasil", se menciona la Teoría Económica del Crimen la cual documenta científicamente que la probabilidad de castigo es una variable clave en la lucha contra la corrupción. Esta conclusión es consistente con varios estudios sobre el análisis económico del delito que indican que los mejores resultados en la lucha contra los delitos se logran a través de un aumento en la probabilidad de arresto y condena.[2]

En resumen, parece razonable suponer desde la Teoría Económica de la Crimen que la variable más importante para disminuir la corrupción es la probabilidad de castigo seguida de la severidad de las sanciones judiciales tanto para el agente corruptor como para el servidor corrupto.

Es importante entender lo complejo que puede ser la corrupción y sus modalidades. Un excelente compendio sobre el tipo de corrupción que se da en Puerto Rico, que hasta cierto punto llevó al pueblo a movilizarse en el verano de 2019, lo da la economista Dra. Martha Quiñones Domínguez en su artículo, "Es hora de matar el cáncer de la corrupción".

> Para su interpretación es necesario diferenciar entre el nivel de un acto corrupto y su valor. La corrupción de bajo nivel se suele entender como pago ilícito o extorción, pero, un caso muy diferente es la corrupción de alto nivel o corrupción organizada. La modalidad de la corrupción que se ha evidenciado en Puerto Rico lo podemos llamar capitalismo del amigo (Crony Capitalism) donde el éxito en los negocios depende de una estrecha relación entre los empresarios y los funcionarios gubernamentales. Se entiende la corrupción o crimen organizado, donde un gobierno corrupto, organiza la corrupción en un país por medio de las "cleptocracias" y las "plutocracias". Estas cleptocracias en lugar de buscar el bien común, está centrado en el enriquecimiento de sus propios dirigentes, para lo cual aprovecha los recursos públicos. Y la plutocracia es donde los más ricos son quienes controlan el gobierno. El mismo se da por medio de actos diversos que van desde soborno, peculado, clientelismo político, tráfico de influencias, abusos de funciones, enriquecimiento oculto, obstrucción de la justicia, colusión, uso ilegal de información privilegiada, nepotismo,

conspiración, inversión política o patrocinio, y evasión fiscal además de secuestro del poder o captura del Estado.[3]

En sus reflexiones, la Directora del Centro de Gobernanza Pública y Corporativa, Dra. Eneida Torres de Durand, nos indica:

Para responder al reclamo de buen gobierno de los ciudadanos es necesario y apremiante adoptar una ley de trasparencia gubernamental abarcadora, integrada y robusta que logre cambiar de raíz las malas prácticas de gobernanza en la gestión pública de las pasadas décadas y combatir la corrupción que amenaza con destruir las capacidades de desarrollo económico y bien común del País. Para lograrlo se necesita voluntad y compromiso. En este el esfuerzo todos los actores sociales deben repudiar la corrupción, proponer medidas para combatirla y fiscalizar su gobierno manera continua.[4]

Podemos recomendar que para establecer unas políticas contundentes que logren sacar la corrupción de los procesos gubernamentales y privados, debemos tener los mecanismos para detectar a tiempo cualquier conducta que pueda conllevar un acto de corrupción, es decir, llevar a cabo una fiscalización efectiva. Aquí entran las leyes de transparencia y de acceso a todo tipo de información del sector público y del privado. Una vez cometido y detectado el delito de corrupción, tienen que haber consecuencias severas que sirvan para disuadir futuros actos de corrupción. En Puerto Rico, con la corrupción pasa igual que con los crímenes, se logra detener a los delincuentes criminales o de cuello blanco, pero el proceso de convicción falla o el castigo parece más un favor que una condena.

Dan Ariely nos indica las varias formas de deshonestidad.

> Puede ser deliberada o no, de muy cerca o lejana, puede involucrar mucho dinero o poco, y así por el estilo. Para muchos, hacer trampa se ha convertido en su forma de vida diaria, a eso se dedican, buscan las maneras de burlar las reglas, leyes y la moral para sacarle provecho personal. El jugador de golf que mueve la pelota ilegalmente para ponerla en un tiro más comodo es deshonesto. Lo más probable es que no la mueva con la mano, sino con el palo de golf, de esa manera toma distancia de su acción y se siente menos culpable.[5]

Ariely da ese ejemplo en su libro *The (Honest) Truth about Dishonesty*. Su teoría indica que cuando nuestras acciones están más distantes de la ejecución del acto deshonesto, cuando están suspendidas y cuando podemos racionalizarlas más fácilmente, los seres humanos encontramos más fácil ser deshonestos. También señala que muchas personas tienen la capacidad de ser deshonestos mientras que simultáneamente se consideran honestos. ¿Y qué ha aprendido sobre el engaño de la gente de negocios? Bien. Cuando las reglas son abiertas a la interpretación, cuando hay áreas grises y cuando se deja que la gente anote su propio desempeño, incluso los juegos honorables como el golf pueden ser trampas para la deshonestidad.

Esto sucede cada día en Puerto Rico y el caso de VERNET ilustra, hasta cierto punto, las conclusions de Ariely. Primero, la Fiscalia Federal de Puerto Rico lo acusa de someter una cantidad de facturas falsas por servicios no prestados de Tutorias SES.[6]

Luego, en un arreglo con la misma Fiscalia Federal lo multan por $ 250,000.00 pagaderos a 5 años, sin admitir culpa alguna y se queda con el total de facturado y cobrado, en ese caso en particular, de $ 6,980,443.00.[7]

La abogada que representó a VERNET, la Licenciada María A. Domínguez, Socia de Capital y Directora de la Oficina de Miami, Florida, del Bufete Mc Connell Valdés, LLC. (McV), fue la segunda al mando por ocho años de la Fiscalia Federal de Puerto Rico y trabajó en dicha oficina por 20 años. Esto fue antes de unirse a McV para atender los crimenes de cuello blanco.[8] El hecho que fue la abogada de VERNET es completamente legal, pero da la sensacion de abonar a lo que describe la Dra. Quiñones en su artículo mencionado anteriormente. De hecho, la Licenciada María A. Dominguez es la abogada de la hoy acusada e indigente exsecretaria de Educacion la Dra. Julia Keleher.[9]

El caso del exsecretario del Departamento Recreación y Deportes (DRD) bajo la administración de Alejando Garcia Padilla, Ramón Orta Rodríguez, cuyo operativo en el 2017 por la Fiscalía Federal fue denominado "Los Mercenarios de la Educación", algo parecido al título del libro. Orta Rodríguez y otros seis colaboradores y empleados del DRD fueron acusados de un esquema de fraude de $ 9.8 millones en fondos federales administrados, en su mayoría por el DEPR. Los acusados enfrentaban cargos por conspiración para cometer fraude, lavado de dinero, robo de identidad agravada, y fraude electrónico y postal. Todos los acusados, excepto Orta Rodríguez, se habían declarado culpables. Es más, en la casa de uno de los acusados, se encontró un compartimiento para guardar dinero en efectivo producto del imputado robo de fondos federales.

Luego de más de dos años, Orta Rodríguez llegó a un acuerdo con Fiscalia Federal donde se le eliminaron 22 de los 23 cargos y solo se declaró culpable por robo de fondos federales. Lo sorprendente del arreglo es lo que manifesto uno de sus abogados, el Lcdo. Francisco Rebollo Casalduc: "Lo importante para Ramón era que el gobierno federal reconociera que, como parte de su gestión como administrador de esta agencia, no hubo pérdida de un solo centavo de fondos públicos del pueblo de Puerto Rico, ni hubo enriquecimiento ilícito hacia Ramón."[10] El otro abogado de Orta Rodríguez era el exjuez federal José Fusté.

Por el acuerdo con la Fiscalía Federal, al declararse culpable, puede cumplir un máximo de 18 meses de cárcel sin multa ni restitución de fondos. Todavía mejor, Rodríguez Orta tiene *derecho* a solicitar cumplir parte de la potencial sentencia de 18 meses en la cárcel y la otra mitad en arresto domiciliario. Parece que el único que perdió dinero en este esquema de fraude de fondos federales fue el coacusado que gastó fondos para una caja fuerte o compartimiento en su casa para guardar el botín.

Lamentablemente, situaciones como esta se siguen viendo en Puerto Rico, donde se incentiva la corrupción. Al fin y al cabo, la probabilidad de castigo, si te atrapan y te acusan, es práctimamente ninguna. Si hacemos un análisis histórico de los casos de fraude en fondos federales y estatales, las sentencias o los acuerdos tienen resultados parecidos. Vemos sentencias suspendidas, probatorias, arrestos domiciliarios, conmutación de la sentencia, convalidación de sentencias por buena conducta, pagos de multas insignificantes al compararlo con el monto del fraude, etc. El colmo es que algunos de ellos se convierten en celebridades de la radio y la televisión.

Los casos de VERNET y de Ramón Orta claramente demuestran, bajo la Teoría Económica del Crimen, que en Puerto Rico, la corrupción paga, especialmente para los que puedan costear una buena defensa.

¿Cómo combatir la corrupción en el DEPR y en Puerto Rico?

El paso más importante se dio en el pasado verano de 2019 donde el pueblo de Puerto Rico dio cátedra a nivel mundial de lo que es posible si se unen voluntades para lograr el bien común. El famoso chat del gobernador puso a la luz pública el nivel de corrupción y el manifiesto abiertamente del pensamiento de la elite en el poder del desprecio a todo tipo de grupo, clase social, persona o entidad que pusiera en riesgo los planes de continuar sus estrategias de corrupción y su continuidad en el gobierno. Ante esta evidencia contundente y despreciable, el pueblo tomo el control de la situación y se logro lo inimaginable: la primera renuncia en Puerto Rico, y en muchos países, de un gobernante en pleno poder sin violencia y sin situaciones que lamentar. Se logró la máxima manifestación del poder del pueblo. También, el proceso de transición del gobierno constitucional, posterior a la renuncia del exgobernador Ricardo Rosselló, demostró que los procesos judiciales, aunque muchas veces injustos, funcionan cuando el pueblo está pendiente al mismo y listo para fiscalizarlo. La Constitución de Puerto Rico, con sus fallas, fue la palanca que logró estabilizar el gobierno y darle una continuidad, aunque no la deseada en ese momento. Ha permitido que el pueblo continúe con su asimilación de lo ocurrido y, como un huracán, continúe fortaleciéndose en su centro a través de las asambleas de pueblo.

Hay que apoyar estas iniciativas de asambleas de pueblo y que las mismas se conviertan en foros no partidistas ni religiosos que continúen con la presión para mejorar la administración pública. Así, lograrán combatir el flagelo de la corrupción y la falta de ética empresarial que esta arropando toda las operaciones gubernamentales y privadas. La crisis de la deuda pública, la pérdida de los valores de las propiedades y de las inversiones privadas, las acciones de la Junta de Supervisión Fiscal que afectan no solo mayormente, sino exclusivamente, a la clase trabajadora son resultados directos de la corrupción.

Según el Foro Económico Mundial:

Los jóvenes continúan nombrando la corrupción como el mayor desafío que enfrentan, según una encuesta realizada a través del Laboratorio de Responsabilidad en conjunto con el Foro Económico Mundial. Y con buenas razones: la corrupción tiene un alto costo para la sociedad y la economía. Agota los fondos públicos que deberían pagar la educación, la atención médica y otros servicios básicos que tanto se necesitan en los países más afectados. Las empresas y los individuos, principalmente los pobres, pagan más de $ 1 billón en sobornos cada año, lo que socava la confianza, exacerba la desigualdad y destruye el contrato social.[11]

En Puerto Rico y el mundo ha surgido una nueva ola de activistas cívicos que están presionando contra las viejas formas de combatir la corrupción y han mostrando un progreso real, el verano de 2019 es una muestra clara de esa tenacidad de esta nueva generación. El Foro Económico Mundial define a estos nuevos grupos como "milenios". Son ágiles y colaborativos, no burocráticos y competitivos, y se basan en lecciones históricas de la construcción de movimientos, teorías de acción estratégica no violenta y enfoques etnográficos dentro de contextos específicos. Vimos como lograron unir generaciones para un frente común. Nuevamente, citando al WEF, podría decirse que la corrupción sigue siendo el mayor impedimento para el progreso económico y político mundial, pero hay una nueva generación que encuentra formas creativas y colectivas de rechazarlo.[12]

Notas

[1]Eric de León Soto, "Empresa sometió facturas falsas en contrato de tutorías con el DE," *Noticel*. 28 de mayo de 2019. https://www.noticel.com/ahora/educacion/empresa-sometio-facturas-falsas-en-contrato-de-tutorias-con-el-de/1081350006.

[2]Alencar Carlos Higino de Ribeiro, "When Crime Pays: Measuring Judicial Performance against Corruption in Brazil," *Law and Business Review of the Americas* 17, núm. 3 (2011): 420.

[3]Martha Quiñones Domínguez, "Es hora de matar el cáncer de la corrupción," *RedBetances*. 2 de agosto de 2019. http://www.redbetances.com/component/content/article/51-en-portada/3341-2019-08-03-14-26-56.html.

[4]Eneida Torres Durand, "Fiscalización y transparencia para detener el juego de las sillas musicales de la corrupción," *Observatorio de Gobernanza, Transparencia y Rendición de Cuentas de Puerto Rico*. 1 de agosto de 2017. https://www.puertoricotransparente.org/fiscalizacion-y-transparencia-para-detener-el-juego-de-las-sillas-musicales-de-la-corrupcion/.

[5]Dan Ariely, *The (Honest) Truth About Dishonesty. How We Lie to Everyone—Especially Ourselves* (NY: HarperCollins, 2012). Mi traducción.

[6]De León Soto, "Empresa sometió facturas".

[7]Ibid.

[8]Véase el pasado perfil de María A. Domínguez ahora ausente del portal de McConnell Valdés: https://web.archive.org/web/201907061 30442/http://www.mcvpr.com/attorneys-Maria-Dominguez-Trujil lo. Véase también su perfil en LinkedIn: https://www.linkedin.com/in/maria-dominguez-7a6674101/.

[9]Redacción elvocero.com, "Abogada de Keleher defiende su inocencia," *El Vocero*. 10 de julio de 2019. https://www.elvocero.com/ley-y-orden/abogada-de-keleher-defiende-su-inocencia/article_6778c0d8-a384-11e9-84fd-9b7f1483bde4.html. Laura M. Quintero, "La Fiscalía federal entrega 18,000 piezas de evidencia en caso de Keleher y coacusados," *El Nuevo Día*. 12 de agosto de 2019. https://www.elnuevodia.com/noticias/tribunales/nota/lafiscaliafederalentrega18 000piezasdeevidenciaencasodekeleherycoacusados-2511377/.

[10]Carlos González, "Le desestiman 22 cargos a Orta por declararse culpable y no tendrá que devolver dinero," *Primera Hora*. 2 de octubre de 2019.

[11]Blair Glencorse, "How Young People Are Turning the Tide against Corruption," *World Economic Forum*. 22 de febrero de 2019. https://www.weforum.org/agenda/2019/02/how-young-people-are-turning-the-tide-against-corruption/. Mi traducción.

[12]Elise Tengs, "Why Millenials Will Lead the Fight Against Corruption," *World Economic Forum*. 16 de enero de 2015. https://www.

weforum.org/agenda/2015/01/why-millennials-will-lead-the-fight-against-corruption/.

Epílogo: Educando para la pobreza

El DEPR se ha convertido en la piedra de tropiezo para educar nuestros hijos debido a la alta gerencia de esa agencia, no tanto sus educadores. Parafraseando a John Stuart Mill, son los que impiden que los estudiantes se esfuercen por conseguir su propio bien. Los privan de ese objetivo por la propia incapacidad del Departamento, su deficiente política pública y porque ha estado compartiendo un interés muy grande, demasiado, con el negocio lucrativo.[1]

Este juicio tan absoluto tendrá sus detractores, lo reconozco, así que permítanme calificarlo. Los estudiantes y sus padres son igualmente responsables de los logros que se puedan alcanzar en el sistema escolar, clara y evidentemente. Reconociendo este hecho, *el objetivo de este libro es denunciar otros factores que igualmente les impiden a estos estudiantes lograr sus objetivos.* Los denunciados son *los mercaderes de la educación.*

La cultura educativa de Puerto Rico enfrentó y continúa enfrentando una gran disyuntiva entre los niveles de violencia e intolerancia y el grado de educación de la población. Esa misma violencia intolerante contra un mundo de paz la ejercen quienes impiden que nuestros estudiantes se eduquen. Los que desde la empresa privada se lucran a diario con la necesidad de los estudiantes, abofetean todos los días el rostro de nuestros niños y jóvenes sin importarle nada —funcionarios, ejecutivos del gobierno—. Incapaces de establecer planes efectivos para remediar la grave situación educativa, se han dado por vencidos o son parte de *los mercaderes de la educación.* Todos permiten la veloz picada del sistema escolar y, en consecuencia, la disolución de nuestra sociedad, abofeteada en su deseo por superar los problemas.

Hay mucho de injusticia cuando el pueblo de Puerto Rico, que no le rinde los resultados mínimos y necesarios, sobre todo sus sectores más desaventajados, los pobres y la clase media, que aporta en contribuciones al presupuesto de miles de millones DEPR. Y la injusticia la comete esa agencia de gobierno en colusión con sectores que miran al DEPR como una alcancía de sobre $3,000 millones que deben romper para sacarle el dinero. El DEPR debe ser juzgado por sus resultados y ese juicio debe ser implacable y con consecuencias.

Se podría decir que los períodos de la corrupción en el DEPR se dividen en tres:

1. El primero, la época de Víctor Fajardo;

2. El segundo, lo que estamos documentando en este libro, que llamaremos las Tutorías SES;

3. El tercero, el período de Julia Keleher.

En este último caso, la exsecretaria de Educación ha sido acusada, está en pleno proceso y el cual ha vuelto a poner el DEPR en una sindicatura federal por la nefasta administración de los fondos federales. Todos ellos con unos personajes en común que denominamos *los mercaderes de la educación*. No significa que no hubo corrupción previo al tiempo que Fajardo fue secretario, pero el impacto posiblemente no fue con fondos federales o los medios de comunicación no eran tan efectivos y accesibles.

Esta primera publicación, *Educando para la pobreza: los mercaderes de la educación pública en Puerto Rico*, revela el marco amplio que permitió que muchas empresas privadas, con la fachada de una misión educativa, se confabularan y timaran a los estudiantes, que forman el centro de la misión del DEPR, creando pobreza en el pueblo de Puerto Rico. Todo ello lo lograron al anteponer sus ganancias a corto plazo, proveyendo Servicios Educativos Suplementarios, mejor conocidos como las Tutorías SES, con una calidad altamente cuestionable, en vez de fortalecer el aprovechamiento académico de los estudiantes y su impacto futuro en el desarrollo económico del país.

El retrato que verá el lector en este libro responde a un aspecto muy específico de poco más de un decenio educativo, de miseria profesional y enriquecimiento inmoral, que en algunos casos también fueron ilegales según las pesquisas del FBI,[2] las investigaciones de la Fiscalía Federal del Distrito de Puerto Rico,[3] y, más recientemente, la Oficina del Contralor de Puerto Rico.[4]

El período corrupción de Fajardo, que ya es historia, aunque lamentablemente se repite con los eventos actuales con Keleher. El autor entiende la importancia de documentar estos terribles períodos de corrupción en el DEPR que, a diferencia de la corrupción en otras áreas por ser en torno a la educación, destruye la esencia de nuestro pueblo, la capacidad de ser un país más justo, con mejor distribución de la riqueza y mayor solidaridad,entre muchos otros grandes beneficios. Esto no lo podemos olvidar.

Educando para la pobreza define y analiza las contradicciones en las acciones gubernamentales de la formación de políticas educativas, inclusive asignando o accediendo a gran cantidad de fondos, y luego, estableciendo en forma paralela y sistemática, un sistema de corrupción que desvía los fondos públicos para usos privados. Como consecuencia, el sistema educativo público colapsa y se convierte en un instrumento deficiente para lograr sus metas hábilmente definidas en leyes y la Constitución de Puerto Rico. Así, se convierte el sistema educativo público en la fuente de riqueza para unos pocos y de creación y continuidad de la pobreza para la mayoría de la población. Esto ocurre aun cuando los gobiernos proclaman mediante sus políticas o discursos que "la educación es el eje y el factor determinante para eliminar o reducir la pobreza".

En el artículo "Educar para la pobreza", José Pedro Amado nos indica:

> La educación tiene una importancia decisiva en el desarrollo de los pueblos.... Los países desarrollados no discuten los presupuestos asignados a la educación, existe una estrecha complementariedad entre proyecto educativo y el proyecto político económico del mismo.[5]

> A pesar de lo dicho, al parecer, este hecho no parece estar presente en los que deciden la legitimidad y la importancia de la educación, tienen más predisposición al ajuste presupuestario que a generar los recursos necesarios para garantizarla. Por un lado, en los países de avanzada, el desarrollo económico está prácticamente consolidado. Por otro lado, en el caso de los países pobres, donde la política se ha convertido en una actividad circense, la distribución o las políticas distributivas son menores y los procesos de concentración de capitales en manos de unos pocos es cada vez mayor. Las consecuencias son extremadamente brutales y violentas.

> Si la educación está relacionada con la eco-
> nomía y, por otra parte, estamos viviendo la
> recesión y el estancamiento de nuestra eco-
> nomía, al paso que vamos, la educación —
> necesariamente— estará en el mismo estan-
> camiento y llegará inexorablemente a vivir
> un período al que bien podríamos designar
> *recesión pedagógica.*

La lectura de Pedro Amado claramente nos permite desarrollar un cuadro visual de la situación que atraviesa Puerto Rico actualmente. Miguel Bazdresch Parada en su libro, *Educación y pobreza: una relación conflictiva*, describe, entre otros puntos importantes, los principios económicos del modelo que fundamenta las políticas públicas sobre la educación:

> ... se deriva la teoría del capital humano: ma-
> yor educación proporciona más "capital hu-
> mano" (socialización, conocimientos y diplo-
> mas) a los miembros de la sociedad para com-
> petir por los puestos y los ingresos.

> El supuesto sugiere que los sistemas educa-
> ción cumplen una función distributiva, pues
> preparan para los diferentes roles de la divi-
> sión social del trabajo y asignan el talento de
> manera eficiente con base en la competencia
> de los más hábiles. Mayor educación genera
> mayor productividad potencial de la fuerza

de trabajo, y como consecuencia, mayores ingresos potenciales para los trabajadores.

Esta teoría, dicho de modo simple, considera a la pobreza como un fenómeno que ocurre porque las personas no han adquirido las habilidades cognitivas básicas para ser exitosas en el mundo. Por tanto, basta con educarlas, darles acceso a la escuela o proporcionarles refuerzos educacionales, y así se disminuirán al mínimo las probabilidades de "recaer" en la pobreza.[6]

Indica que la teoría socialdemócrata:

Privilegia la acción gubernaental para proporcionar educación, al mismo tiempo que la acción ciudadana para vigilar la eficiencia y la igualdad de oportunidades. El centro de esta propuesta, siempre en el supuesto de que educar contribuya a eliminar la pobreza, es vincular la libertad de elegir el cómo, el dónde y el cuándo de la educación, con la obligación del estado de ofrecer educación pública suficiente para que nadie quede sin oportunidad ... se ubica a la superación de la pobreza desde una nueva organización social cuya posibilidad implica "educar para poder" y no sólo "educar para saber", lo cual entraña una elección del individuo ... y el adecuarse ciegamente al mercado.[7]

Educando para la pobreza, nos invita, en parte, a mirar a los incentivos y la tolerancia a la corrupción como elementos que socavan la calidad de la educación que han afectado a los sectores más vulnerables de la sociedad.

Encontramos una excelente discusión de la corrupción y la educación en la entrevista realizada por Javier Toro titulada *Corrupción en la educación: una charla con Muriel Poisson*, que es la responsable del proyecto sobre ética y corrupción en la educación del Instituto Internacional de Planificación Educativa (IIPE) de la UNESCO. Ella también es coautora del libro *Escuelas corruptas, universidades corruptas: ¿qué hacer?*, y dirige la plataforma de recursos en línea ETICO. Poisson discute ampliamente los devastadores efectos de la corrupción educativa e indica que:

> ... la corrupción en el sector educativo debe ser considerada como un caso específico dentro del sector público, ... por dos razones principales. La primera razón es que el sector educativo es generalmente el sector público más importante de todos los sectores públicos desde el punto de vista financiero y porque involucra a un gran número de personas. Si nos fijamos en las cifras ..., veremos que la educación es el primer o segundo presupuesto del país... Por lo tanto, es un sector que concentra una gran cantidad de recursos y donde trabajan muchos funcionarios. Consecuentemente, si existen problemas importantes de

Cuadro 10: Fondos federales recibidos y desperdiciados en el DEPR (2006 al 2013): $ 3.5 mil millones. Programas Escuelas en Plan de Mejoramiento.

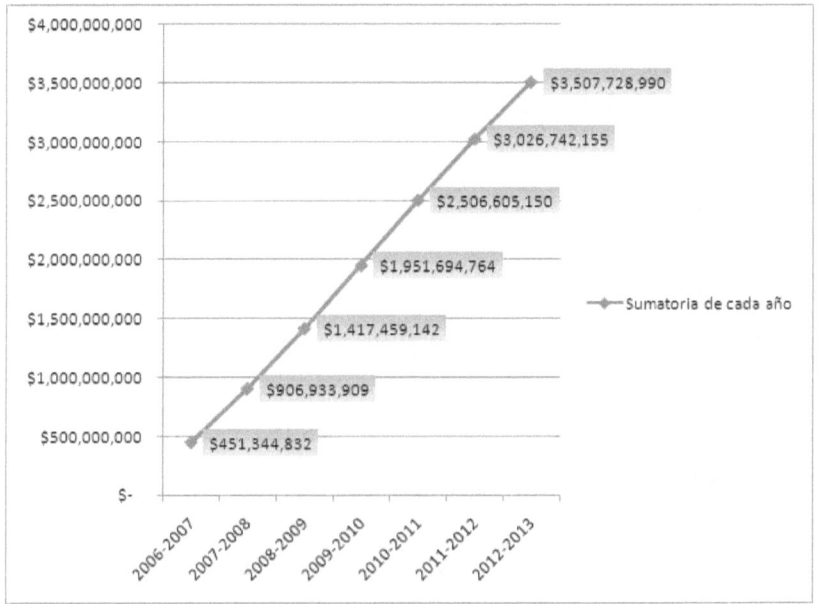

Fuente: Datos del DEPR.

corrupción en la educación, estos se pueden expandir a gran escala y, por lo tanto, e impactar de forma significativa a todo el sector público.

La segunda razón por la que consideramos que es importante centrarnos específicamente en el tema de la corrupción en el sector educativo —que es muy importante para nosotros— es que la educación desempeña un papel crucial en nuestra sociedad, que consiste en transmitir a las nuevas generaciones valores éticos

y promover el comportamiento ciudadano.
De este modo, si un maestro es responsable de
promover valores éticos y ciudadanos, pero,
por ejemplo, se ausenta porque tiene otro trabajo no relacionado con la enseñanza durante
sus horas de clase, entonces inevitablemente la transmisión de esos valores no se podrá
hacer de manera satisfactoria.[8]

Según la definición del IIPE; la corrupción radica en
el uso de recursos públicos para fines privados de manera tal que se afecta el acceso, la calidad y la equidad en
los sistemas educativos. Uno de los puntos importantes
que menciona en la entrevista es:

Una de las cuestiones ..., es que el tema de la lucha contra la corrupción ha sido apropiado en
las últimas décadas por los partidos políticos
y que solo es debatido durante las campañas
electorales. Un campo político se apodera del
tema para tratar de desplazar al partido que se
encuentra en el poder y cuando este lo alcanza
no hace nada para luchar contra la corrupción,
y hace que el sistema de corrupción persista
o incluso lo reorganiza a su favor. Esto trae
consigo un gran descrédito a la cuestión de
la lucha contra la corrupción. Aunque obvia-
mente se trate de un tema eminentemente
político, no se puede aceptar que el tema de
la lucha contra la corrupción sea "confiscado"

por el discurso político en fechas electorales. Este tema debe ser ampliamente considerado en los debates diarios sobre cómo mejorar el funcionamiento de los sectores sociales para el servicio de todos. Para el sector educativo esto significa que el tema debe ser tomado en cuenta en los diagnósticos del sector, en la elaboración de planes de desarrollo educativo, en la formulación y evaluación de políticas educativas.[9]

La grave situación financiera y social que vive el pueblo de Puerto Rico con la crisis de la deuda pública y las políticas antisociales y antidesarrollo económico de la Junta de Control Fiscal es un ejemplo claro de lo mencionado por Poisson en los párrafos anteriores. Ahora, en Puerto Rico, ningún partido en el poder en las últimas décadas ha asumido responsabilidad por el nivel de deuda, pero las consecuencias de la misma las están pagando los estudiantes de las escuelas públicas, de la Universidad de Puerto Rico. También se perjudican el presente y futuro pensionado, y el pueblo en general con los ajustes fiscales que cada día están llevando a más gente a la pobreza y la desesperanza.

Educando para la pobreza busca crear conciencia y estimular a una discusión amplia donde cada ciudadano, profesional, estudiante, líder comunitario y todo aquel que se sienta afectado por la actual crisis asuma un rol activo en los procesos de política pública y sea parte un verdadero cambio pedagógico y social. El mensaje debe ser claro y contundente: *la Fiesta de los Millones debe terminar*. Ahora le toca al pueblo rehacer y disfrutar de lo que en pleno derecho le corresponde.

Sé parte del movimiento para combatir la corrupción en la educación pública en Puerto Rico y en todas las otras áreas de la gestión gubernamental compartiendo y motivando a la lectura de *Educando para la pobreza*. El apoyo brindado ayudará a continuar con las investigaciones y a formular estrategias concretas para reducir la corrupción al máximo y lograr acabar con la "Fiesta de los Millones".

Con tu colaboración sobre datos o eventos de actos de corrupción en cualquier entidad gubernamental lograremos documentar la relación entre la gestión gubernamental y los incentivos y la tolerancia a los actos de corrupción que llevaron a Puerto Rico al desastre fiscal, económico y social en que estamos y que, lamentablemente, nos sigue conduciendo hacia el abismo con los estructurados actos de corrupción en todos los niveles. No podemos combatir la corrupción si no conocemos sus dimensiones reales.

Sé parte del nuevo Puerto Rico.

Favor de comunicarte o seguirnos en las siguientes direcciones:

1. Nuestro correo electrónico: informacion@ educandoparalapobreza.isla.pr

2. Nuestra página en Facebook: Educando para la pobreza.

Notas

[1]John Stuart Mill, "Chapter 1: General Remarks," *Utilitarianism*, 1863. https://www.utilitarianism.com/mill1.htm.

[2]Univisión y agencias, "Operativo por millonario fraude a fondos federales de Educación", *Univisión.com*, 10 de septiembre de 2015. https://www.univision.com/noticias/estafa-y-fraude/operativo-por-millonario-fraude-a-fondos-federales-de-educacion

[3]Mariana Cobián, "Al desnudo el fraude con las tutorías," *El Nuevo Día*, 11 de septiembre de 2015. https://www.pressreader.com/puerto-rico/el-nuevo-dia/20150911/281479275194889.

[4]Departamento de Educación [DEPR] / Programa de Servicios Educativos Suplementarios (SES) [PSES], *Informe especial TI-17-04*. Hato Rey, PR: Departamento de Educación de Puerto Rico, 20 de septiembre de 2016). https://iapconsulta.ocpr.gov.pr/OpenDoc.aspx?id=8fa75f12-21ca-4de0-b226-138fbf4e66a8&nombre=TI-17-04.

[5]José Pedro Amado, "Educar para la pobreza," *Reflexiones polémicas*. https://reflexiones-polemicas.idoneos.com/educar_para_la_pobreza/

[6]Miguel Bazdresch Parada, "Educación y pobreza: una relación conflictiva," en *Pobreza, desigualdad social y ciudadanía. Los límites de las políticas sociales de América Latina* (Buenos Aires, Argentina: Consejo Latinoamericano de Ciencias Sociales, 2001), 68. http://feae.eu/wp-content/uploads/2017/09/CLACSO-POBREZA-Y-EDUCACIÓN.pdf.

[7]Ibid., 70.

[8]Javier Toro, "La corrupción en la educación: una charla con Muriel Poisson," *Foro*, mayo-junio 2018, 8. http://etico.iiep.unesco.org/sites/default/files/la_corrupcion_en_la_educacion.pdf.

[9]Ibid., 13.

Apéndice: Informes de auditorías del Departamento de Educación Federal

1. Informe de auditoría de la Oficina del Inspector General del Departamento de Educación Federal, 20 de mayo de 2008. https://www2.ed.gov/about/offices/list/oig/auditreports/fy2008/a04h0011.pdf.

2. Oficina del Inspector General del Departamento de Educación Federal. *Puerto Rico Department of Education's Compliance with Title I—Supplemental Educational Services*, abril de 2009. https://www2.ed.gov/about/offices/list/oig/auditreports/fy2009/a04i0041.pdf.

3. Oficina del Inspector General del Departamento de Educación Federal. *American Recovery and Reinvestment Act of 2009. Puerto Rico Recovery Act Audit. Vocational Rehabilitation Administration*, diciembre de 2009. https://www2.ed.gov/about/offices/list/oig/auditreports/fy2010/a04j0009.pdf.

4. Oficina del Inspector General del Departamento de Educación Federal. *American Recovery and Reinvestment Act of 2009. Systems of Internal Controls over Selected Recovery Act Funds in Puerto Rico*, diciembre de 2009. https://www2.ed.gov/about/offices/list/oig/auditreports/fy2011/a04k0001.pdf

5. Oficina del Inspector General del Departamento de Educación Federal. *Puerto Rico Department of Education's Award and Administration of Personal Services Contracts. Final Audit Report*, enero de 2011. https://www2.ed.gov/about/offices/list/oig/auditreports/fy2011/a04j0005.pdf.

6. Memorando de alerta final de Keith West, de los Servicios de Auditoría de la Oficina del Inspector General del Departamento de Educación Federal, a Philip Maestri, Director del Servicio de Manejo de Riesgo, 18 de marzo de 2011. https://www2.ed.gov/about/offices/list/oig/auditreports/fy2011/l04k0018.pdf.

7. Informe de auditoría de la Oficina del Inspector General del Departamento de Educación Federal,

20 de febrero de 2013. https://www2.ed.gov/about/
offices/list/oig/auditreports/fy2013/a04m0014.pdf.

8. Informe final de información de manejo de la Oficina del Inspector General del Departamento de Educación Federal, 31 de octubre de 2013. https://www2.
ed.gov/about/offices/list/oig/auditreports/fy2013/
x42n0001.pdf.